中国语言文字事业发展报告
（2017）

国家语言文字工作委员会　组编

2017年·北京

中国语言文字事业发展报告(2017)

总 顾 问　许嘉璐
顾　　问　柳　斌　朱新均　李卫红
总 策 划　杜占元
编 委 会
主　　任　姚喜双
副 主 任　彭兴颀
委　　员　(按姓名音序)
　　　　　艾一平　曹效业　陈陆军　陈　英　程　凯　傅振邦　蒋志学
　　　　　李　刚　梁金成　刘　烨　刘丹青　刘小明　柳　拯　马燕合
　　　　　梅建华　任贤良　孙若风　田立新　田联刚　王明黎　王晓峰
　　　　　王永利　魏洪涛　吴国华　吴尚之　徐黄生　杨义瑞　张世平
　　　　　周　军　朱晓征

主　　编　姚喜双
副 主 编　彭兴颀　王　刚
执行主编　周道娟　张日培　袁　伟
审　　订　陈章太　傅永和　李宇明　周庆生
审　　稿　(按姓名音序)
　　　　　陈章太　傅永和　侯　敏　李宇明　文秋芳　赵世举　赵小兵
　　　　　周洪波　周庆生

栏目主持　(按姓名音序)
　　　　　刘思静　栾印华　潘　佳　饶高琦　徐欣路　张天伟
编写人员　(按姓名音序)
　　　　　陈　壮　程　玉　耿宏莉　顾定倩　黄拾全　姜彩霞　李　艳
　　　　　刘旭璐　刘子琦　孟　晖　容　宏　庹迎香　汪张龙　王　琳
　　　　　王　敏　王　奇　王　琪　王前鹏　王　甬　吴月芹　谢俊英
　　　　　杨尔弘　杨亦鸣　易　军　张　艳　赵弘弢　钟经华　朱伟萍

策　　划　教育部语言文字应用管理司
执　　行　上海市教育科学研究院国家语言文字政策研究中心

编写说明

《中国语言文字事业发展报告》(白皮书)是宣传国家语言文字方针政策,记录、展示国家语言文字事业发展成就的年度报告,由国家语言文字工作委员会(简称国家语委)组编并发布。

《中国语言文字事业发展报告(2017)》从国家通用语言文字普及与规范、语言文字信息化建设、语言服务能力建设、中华优秀语言文化传承传播、语言文字治理体系建设五个方面,全面、系统地记录展示2016年国家语言文字事业发展状况。

2016年是"十三五"的开局之年,国家语言文字事业全面贯彻党的十八大和十八届中央历次全会精神,深入贯彻习近平总书记系列重要讲话精神,以服务国家经济发展、科技进步、文化繁荣为宗旨,全面推进语言基础建设,依法加强语言应用治理,努力构建主体多样的和谐语言生活,在国家通用语言文字推广普及、语言教育、语言规范、语言研究、语言科技、语言经济、语言服务、语言传播等各领域都取得了重要进展。本报告以数据为支撑,全景式展现了上述事业成就。

作为第一本年度报告,本报告还对国家语言文字事业各领域自新中国成立以来取得的成就进行了系统梳理,供读者了解相关背景、历程和发展基础。

本报告所列数据一部分来源于国家语委立项开展的专题调研,一部分由国家语委委员单位提供,还有一部分通过对31个省级语言文字工作部门的申报资料进行统计后得到。

《中国语言文字事业发展报告》(白皮书)与《中国语言生活状况报告》(绿皮书)、《中国语言政策研究报告》(蓝皮书)、《世界语言生活状况报告》(黄皮书)一起,构成国家语委组编发布的语言生活皮书系列。

国家语言文字工作委员会

目 录

前言　我国语言政策 …………………………………………… 001

第一章　国家通用语言文字普及与规范 ……………………… 005

第一节　普通话推广普及 ………………………………………… 005
　一、普通话普及状况 …………………………………………… 005
　二、农村普通话普及 …………………………………………… 008
　三、少数民族地区普通话普及 ………………………………… 009
　四、全国推广普通话宣传周 …………………………………… 011

第二节　国家通用语言文字规范化标准化 ……………………… 013
　一、国家通用语言文字规范标准 ……………………………… 013
　二、外语中文译写规范 ………………………………………… 017
　三、科技术语规范 ……………………………………………… 021

第三节　国家通用语言文字培训测试 …………………………… 023
　一、普通话水平测试 …………………………………………… 023
　二、汉字应用水平测试 ………………………………………… 026
　三、少数民族汉语水平等级考试 ……………………………… 027

第二章　语言文字信息化建设 ………………………………… 029

第一节　语言文字信息技术发展与应用 ………………………… 029
　一、文字处理技术 ……………………………………………… 030
　二、语言处理技术 ……………………………………………… 033

第二节　语言文字信息化规范标准 ……………………………… 036

目 录

  一、中文编码规范标准 ……………………………………… 036
  二、汉字字型规范标准 ……………………………………… 037
  三、语言信息处理技术规范标准 …………………………… 041
 第三节 语言资源及信息化平台 ………………………………… 044
  一、语言文字基础数据库 …………………………………… 044
  二、全球中文学习网络平台 ………………………………… 046
 第四节 少数民族语言文字规范化标准化信息化 ……………… 048
  一、少数民族语言文字规范标准 …………………………… 048
  二、少数民族语言文字信息处理技术 ……………………… 050

第三章 语言服务能力建设 ……………………………………… 053

 第一节 "一带一路"语言服务 …………………………………… 053
  一、"一带一路"语言研究 …………………………………… 053
  二、"一带一路"语言服务技术与产品 ……………………… 056
 第二节 语言学术服务 …………………………………………… 057
  一、语言国情调研 …………………………………………… 057
  二、国家语委科研规划课题 ………………………………… 058
  三、国家语委科研机构 ……………………………………… 060
  四、语言文字专家队伍 ……………………………………… 064
 第三节 手语和盲文服务 ………………………………………… 067
  一、手语和盲文规范化建设 ………………………………… 067
  二、听障和视障人士语言权益保障 ………………………… 069
  三、听障和视障人士普通话培训测试 ……………………… 070
 第四节 外语服务和语言服务业 ………………………………… 072
  一、多语种外语人才培养 …………………………………… 072
  二、公共服务领域外文译写规范 …………………………… 075
  三、语言服务业 ……………………………………………… 075

第四章　中华优秀语言文化传承传播 …… 077

第一节　语言文化传播基础建设 …… 077
一、中华经典资源库 …… 077
二、中华诗词新韵研究 …… 079
三、中华思想文化术语整理与外译 …… 079
四、中央文献重要术语整理与外译 …… 088

第二节　语言文化传播活动 …… 098
一、语言文化媒体传播活动 …… 098
二、中华经典诵读活动 …… 099
三、全国大学生朗诵大会 …… 102
四、汉字书写教育 …… 102

第三节　科学保护各民族语言文字 …… 106
一、汉语方言资源保护 …… 106
二、少数民族语言资源保护 …… 108

第四节　语言文化交流合作 …… 109
一、两岸语言文化交流合作 …… 109
二、港澳普通话水平培训测试 …… 110
三、汉语国际教育 …… 114
四、华文教育 …… 117
五、中外语言文字交流合作 …… 119

第五章　语言文字治理体系建设 …… 123

第一节　语言文字法律体系 …… 123
一、《宪法》中的语言文字条款 …… 124
二、语言文字法律 …… 124
三、语言文字法规 …… 126
四、语言文字规章 …… 128
五、语言文字规范性文件 …… 130

第二节　语言文字依法管理 ····· 131
　　一、城市语言文字工作评估 ····· 131
　　二、语言文字规范化示范校创建 ····· 133
　　三、语言文字工作督导评估 ····· 134
　　四、重点领域语言文字监督管理 ····· 135
第三节　语言文字事业保障体系 ····· 137
　　一、国家语言文字工作机构 ····· 137
　　二、地方语言文字工作机构及其经费投入 ····· 141
　　三、语言文字政务信息化平台 ····· 147
　　四、语言文字培训基地及干部队伍建设 ····· 148

附录 ····· 151
　　中华人民共和国国家通用语言文字法 ····· 151
　　国家中长期语言文字事业改革和发展规划纲要
　　　（2012—2020年） ····· 155
　　国家语言文字事业"十三五"发展规划 ····· 169
　　2016年国家语言文字工作大事记 ····· 180

前言　我国语言政策

我国是一个统一的多民族国家,也是一个多语言、多方言、多文种的国家。全国共有 56 个民族,100 多种语言[①],分属汉藏语系、阿尔泰语系、南岛语系、南亚语系和印欧语系;有 29 种文字,包括汉字和 28 种现行使用的少数民族文字。汉语是我国使用人口最多的语言,包括北方方言、吴方言、赣方言、湘方言、闽方言、粤方言、客家话等[②]方言。

一、大力推广和规范使用国家通用语言文字

《中华人民共和国国家通用语言文字法》(简称《国家通用语言文字法》)规定,普通话是我国的国家通用语言,规范汉字是我国的国家通用文字。普通话以北京语音为标准音,以北方话为基础方言,以典范的现代白话文著作为语法规范。规范汉字是经过整理、由国家发布、在通用领域使用的现代标准汉字。《汉语拼音方案》是国家通用语言文字的拼写和注音工具,是中国人名、地名和中文文献罗马字母拼写法的统一规范和国际标准,并用于汉字不便使用或不能使用的领域。

做好语言文字工作,特别是加强国家通用语言文字的推广和普及,是维护国家主权与尊严、体现国家核心利益的战略举措。[③] 我国在全国范围内推广普通话、推行规范汉字、推行《汉语拼音方案》,重视国家通用语言文字的规范化、标准化、信息化建设。新中国成立 60 多年来,已有大约 70% 的国民具备普通话应用能力,95% 以上的识字人口使用规范汉字,68% 的国民掌握了汉语拼音。国家颁

---

① 中国社会科学院民族学与人类学研究所孙宏开等著的《中国的语言》(北京,商务印书馆,2007)列有 129 种语言。
② 中国社会科学院、澳大利亚人文科学院合作编纂的《中国语言地图集》(香港,朗文(远东)有限公司,1990)列有 10 大方言区。
③ 引自刘延东同志 2011 年 1 月 20 日在纪念《国家通用语言文字法》颁布 10 周年座谈会上的讲话。

布实施了推行国家通用语言文字的法律1部、地方性法规或规章36部,以及200多项语言文字规范标准,涉及普通话语音、汉字音形义和中文信息处理等。语言隔阂、方言障碍和文字分歧在很大程度上得到克服,中文信息处理技术取得巨大进步。

国际上称我国的国家通用语言文字为中文。中文是世界主要语言,是联合国六种正式工作语言之一。近年来,全球范围内学习中文的人数不断增多,很多国家在其国民教育中开设有中文课程。同时,我国在140个国家(地区)建立了511所孔子学院和1,073个中小学孔子课堂,向210万名注册学员教授中文。①中文(华语文)也是分布在全球近200个国家和地区的6,000多万华侨华人的母语或祖裔语,目前世界各地有近2万所中文学校,面向华侨华人传授中文。

二、科学保护各民族语言文字

我国各民族使用和发展自己的语言文字的权利受到《宪法》和法律的保障。同时,我国科学保护各少数民族语言文字,保护传承各地的汉语方言文化。国家帮助壮、布依、彝、苗、哈尼、傈僳、纳西、侗、佤、黎等15个民族创制或改进了文字方案;在重大的全国性会议中提供蒙古语、藏语、维吾尔语、哈萨克语、朝鲜语、彝语、壮语7种少数民族语言的同声翻译;在少数民族地区开展国家通用语和民族语双语教育,全国现有1.2万多所双语学校,800多万名在校生接受双语教育;出版了大量少数民族文字出版物,目前有103种少数民族文字报纸和227种少数民族文字期刊,制作播出了大量少数民族语言广播电视节目和电影;积极开展少数民族濒危语言的抢救和保护工作;大力推动民族语文的规范化、标准化和信息化,颁布了文字编码字符集、键盘、字模等一系列规范标准,并成功地使蒙古、藏、维吾尔、哈萨克、朝鲜、彝、壮、柯尔克孜和锡伯等文字进入了计算机文字处理系统。

2015年,我国在前期建设语言资源有声数据库的基础上,实施了"中国语言资源保护工程",利用现代化技术手段,收集记录汉语方言、少数民族语言和口头语言文化的实态语料,通过科学整理和加工,建成大规模、可持续增长的多媒体语言资源库,并开展语言资源保护研究工作,形成系统的基础性成果,进而推进深度开发应用,进一步保护传承各少数民族语言和各地汉语方言。

---

① 本报告所列数据均截至2016年。

三、外语教育与使用

我国重视与世界各国各民族的语言文化交流,鼓励支持国民学习外语。国民基础教育中设有外语课程,高等院校设有外语专业,覆盖了英语、俄语、法语、阿拉伯语、西班牙语等 72 个语种。针对经济、教育、文化、科技等各领域对外交流的需要,我国每年出版大量外文出版物,引进大量外语影视作品,同时制作播出大量外语广播和外语电视节目。为规范交通、旅游、商业、金融等公共服务领域的外文译写,提升我国的外语服务能力,国家正在制定英文、俄文、日文等公共服务领域外文译写规范。

四、特殊语言文字服务

我国目前有听障人口 1,700 多万,视障人口 2,000 多万。为使听障和视障人群实现无障碍的语言文字交流,国家高度重视手语和盲文的规范化建设,正在制订并试行全国通用的手语和盲文。

为保障听障和视障人群的语言权益,国家高度重视并积极推进手语和盲文的社会服务。全国两会等重大活动实施手语同步翻译,省级电视设有手语栏目 29 个、地市级电视设有手语栏目 240 个,省地县三级公共图书馆共设立盲文及盲文有声读物阅览室 850 个。

五、港澳特区的语言政策和对台语言政策

香港和澳门是我国的特别行政区,在特别行政区基本法框架下自主制定各自的语言文字政策。在香港,除使用中文外,还可使用英文,英文也是正式语文;在澳门,除使用中文外,还可使用葡文,葡文也是正式语文。在港澳的实际语言生活中,中文书面语多使用繁体字,口语同时使用普通话和粤方言。

《全国人民代表大会常务委员会关于〈中华人民共和国香港特别行政区基本法〉英文本的决定》(1990)指出:全国人民代表大会法律委员会主持审定的《中华人民共和国香港特别行政区基本法》英译本为正式英文本,和中文本同样使用;英文本中的用语的含义如果有与中文本有出入的,以中文本为准。

海峡两岸的汉语汉字同宗同祖，现有差异不影响正常交流，大陆愿意并正在为两岸加强语言文字交流合作、缩小语言文字差异做出积极努力。两岸现已成立了语言文字交流合作协调小组，就两岸语言文字规范标准、科技术语、辞书编纂等问题进行沟通协调。

六、建设"主体多样"的和谐语言生活

我国的语言生活充满活力。随着经济、社会的发展进步，社会上每年都会产生大量的新词新语，国家设有专门机构跟踪观察这些新词新语的使用，其中使用较为稳定的将被权威语文辞书收录。随着科学技术的发展进步，面对不断出现的科技新术语，国家设有专门机构审定公布其规范形式。我国目前有 7.1 亿网民，国家倡导网民在网络交际中规范、文明地使用语言。

随着我国与世界各国经济、文化交流的日益深入，面对不断出现的外来语，国家设有专门机构审定公布其中文译写规范。同时，国家还设有专门的翻译机构，就政策法令、政治文献中的重要术语提出英文、俄文、法文、西班牙文、日文、德文、阿拉伯文共 7 种外文的建议译文，定期对外发布。

我国致力于建设主体性和多样性兼顾的和谐语言生活，重视语言教育并主张培养发展公民国家通用语和本民族语（或本地方言）兼备的双语（双方言）甚至多语能力，支持语言信息技术的研究、开发与应用，加强语言服务产业建设，发展语言服务事业。

我国倡议世界上各个国家都将语言视作宝贵的资源，愿意与各国特别是"一带一路"沿线国家共同开发、建设语言资源，愿意为全球语言生活治理做出应有的贡献。

第一章　国家通用语言文字普及与规范

普通话和规范汉字是我国的国家通用语言文字。大力推广和规范使用国家通用语言文字，对促进不同民族和不同地区之间的经济文化交流、维护国家统一和民族团结、促进经济发展和社会进步、传承传播中华优秀语言文化具有重要意义，是国家语言文字事业的首要任务。2016年，我国启动国家通用语言文字普及攻坚工程，进一步加强国家通用语言文字规范标准建设，继续深入开展普通话和汉字应用水平测试，促进了国家通用语言文字的推广普及和规范使用。

第一节　普通话推广普及

普通话是以北京语音为标准音、以北方话为基础方言、以典范的现代白话文著作为语法规范的现代汉民族共同语，是我国的国家通用语言。我国《宪法》第十九条规定："国家推广全国通用的普通话。"新中国成立以来，我国的普通话普及工作取得了很大成绩。同时，全国普通话普及状况很不平衡，农村和少数民族地区普通话普及率还很低。2016年，我国以农村青壮年、农村教师、少数民族教师为重点，加大了普通话培训力度；同时，开展第19届全国推广普通话宣传周活动，在全社会营造了浓厚的推普宣传氛围。

一、普通话普及状况

（一）2000年普通话普及状况

1999—2000年，我国开展了全国语言文字使用情况调查。据《中国语言文字使用情况调查资料》[①]：我国能够使用普通话与人交谈的人口比例全国平均为53.06%。

[①] 语文出版社，2006年出版。

第一章　国家通用语言文字普及与规范

1. 各省（区、市）普通话普及状况

全国 31 个省（区、市）①能够使用普通话与人交谈的人口比例差异很大，最高达 90.36%，最低仅 16.10%。具体见表 1.1.1。

表 1.1.1　全国各省（区、市）能用普通话与人交谈的人口比例（2000 年）

序号	省（区、市）	比例%	序号	省（区、市）	比例%
1	北京	90.36	17	湖北	46.91
2	天津	50.52	18	湖南	53.08
3	河北	52.58	19	广东	67.01
4	山西	41.81	20	广西	50.39
5	内蒙古	58.98	21	海南	71.81
6	辽宁	79.12	22	重庆	39.44
7	吉林	79.24	23	四川	37.52
8	黑龙江	78.64	24	贵州	33.93
9	上海	70.47	25	云南	37.94
10	江苏	55.53	26	西藏	16.10
11	浙江	67.17	27	陕西	45.41
12	安徽	46.26	28	甘肃	37.34
13	福建	82.95	29	青海	31.43
14	江西	64.28	30	宁夏	44.34
15	山东	44.61	31	新疆	37.49
16	河南	42.11			

2. 城乡普通话普及状况

城镇能够使用普通话与人交谈的人口比例为 66.03%，比乡村能够使用普通话与人交谈的人口比例 45.06% 高出约 21 个百分点。具体见图 1.1.1。

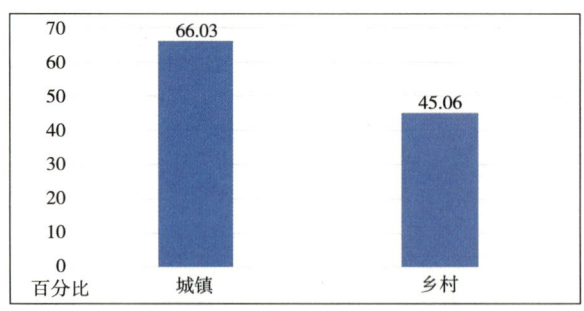

图 1.1.1　城镇和乡村能用普通话与人交谈的人口比例

---

① 本报告相关数据除特别说明外，不包含港澳台地区。

3. 不同年龄段人群普通话普及状况

年龄段越低,能用普通话与人交谈的人口比例越高。15—29岁人群中,该比例为70.12%;30—44岁人群中,该比例为52.74%;45—59岁人群中,该比例为40.59%;60—69岁人群中,该比例为30.97%。具体见图1.1.2。

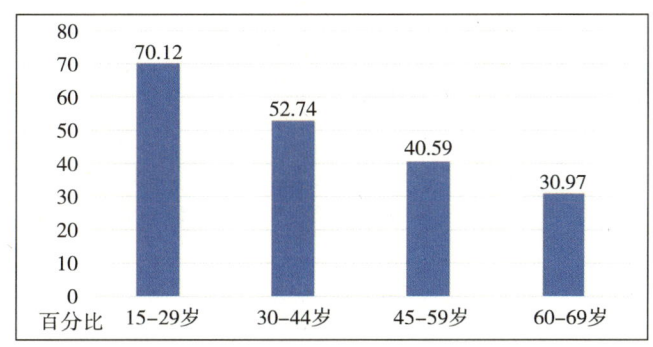

图1.1.2 不同年龄段人群能用普通话与人交谈的人口比例

4. 不同受教育程度人群普通话普及状况

15岁以上人群中,受教育程度越高,能用普通话与人交谈的人口比例越高。大专及以上学历人群为86.77%;高中学历人群为75.76%;初中学历人群为56.08%;小学学历人群为25.49%;读过扫盲班的人群中,该比例为14.67%;没上过学的人群中,该比例仅为10.36%。具体见图1.1.3。

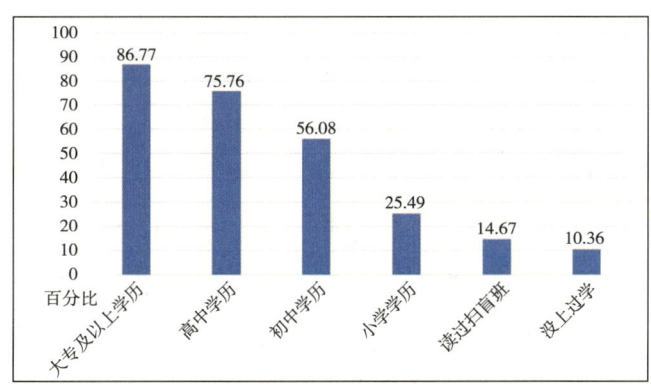

图1.1.3 不同受教育程度人群能用普通话与人交谈的人口比例

(二) 2010年普通话普及状况

2010年,我国对河北、江苏、广西三省区普通话普及状况进行了调查。结果显示,普通话普及率比2000年显著增长:河北达到了73.30%,比2000年增长了20.72个百分点;江苏达到了70.67%,比2000年增长了15.14个百分点;广西达到了 80.75%，比 2000 年增长了 30.36 个百分点。三省区平均增长了 22 个百分点。具体见图 1.1.4。

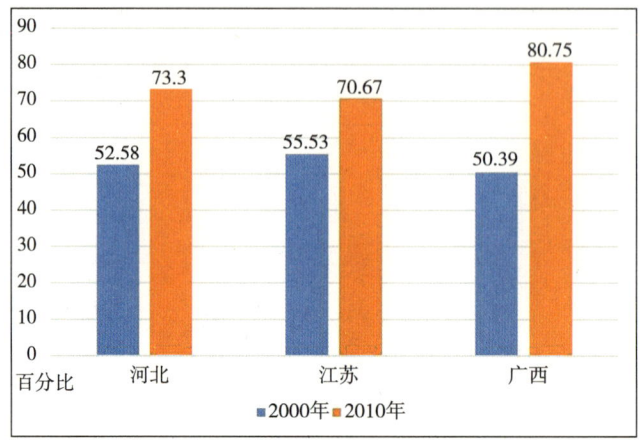

图 1.1.4　2000 年和 2010 年河北、江苏、广西三省区能用普通话与人交谈的人口比例对比

二、农村普通话普及

2016 年，全国 27 个省（区、市）开展了针对农村人口的普通话培训，全国接受普通话培训的农村青壮年和农村教师人次分别达到 13.32 万和 18.41 万。具体见表 1.1.2。

表 1.1.2　2016 年各省（区、市）农村普通话培训人次

序号	省（区、市）	农村青壮年	农村教师	合计
1	北京	700	1,473	2,173
2	河北	47,472	31,695	79,167
3	山西	16,600	9,815	26,415
4	内蒙古	200	1,400	1,600
5	辽宁	423	14,320	14,743
6	吉林	3,897	19,141	23,038
7	黑龙江	2,814	5,753	8,567
8	上海	2,352	340	2,692
9	江苏	–	1,200	1,200
10	浙江	353	156	509

(续表)

序号	省(区、市)	农村青壮年	农村教师	合计
11	安徽	-	120	120
12	福建	-	500	500
13	江西	780	4,100	4,880
14	山东	612	22,292	22,904
15	河南	17,994	28,923	46,917
16	湖北	3,874	11,385	15,259
17	湖南	709	7,506	8,215
18	广东	3,055	4,925	7,980
19	广西	46	5,626	5,672
20	海南	300	1,600	1,900
21	重庆	60	40	100
22	四川	-	188	188
23	贵州	150	400	550
24	云南	24,200	1,700	25,900
25	西藏	-	111	111
26	陕西	-	100	100
27	甘肃	6,606	9,297	15,903
	合计	133,197	184,106	317,303

三、少数民族地区普通话普及

2016年,全国20个省(区、市)开展了面向少数民族教师的普通话培训,参加培训的少数民族教师总数达到4.47万人次。其中,广西居全国之首。具体见表1.1.3。

表1.1.3 2016年各省(区、市)少数民族教师普通话培训人次

序号	省(区、市)	幼儿园教师	小学教师	中学教师	合计
1	内蒙古	180	765	455	1,400
2	辽宁	147	1,367	1,036	2,550
3	吉林	103	601	578	1,282

（续表）

序号	省（区、市）	幼儿园教师	小学教师	中学教师	合计
4	黑龙江	989	985	923	2,897
5	上海	-	-	72	72
6	浙江	34	156	85	275
7	江西	-	36	-	36
8	河南	3,743	3,228	2,960	9,931
9	湖北	189	319	331	839
10	湖南	3,848	3,096	679	7,623
11	广东	469	585	142	1,196
12	广西	1,475	6,352	4,689	12,516
13	海南	21	43	45	109
14	重庆	30	100	100	230
15	四川	25	134	29	188
16	贵州	-	180	20	200
17	云南	33	1,493	174	1,700
18	西藏	34	124	33	191
19	甘肃	285	629	444	1,358
20	青海	-	42	58	100
	合计	11,605	20,235	12,853	44,693

从培训对象看，小学教师最多，占45.27%；中学教师和幼儿园教师数量接近，各占28.76%和25.97%。具体见图1.1.5。

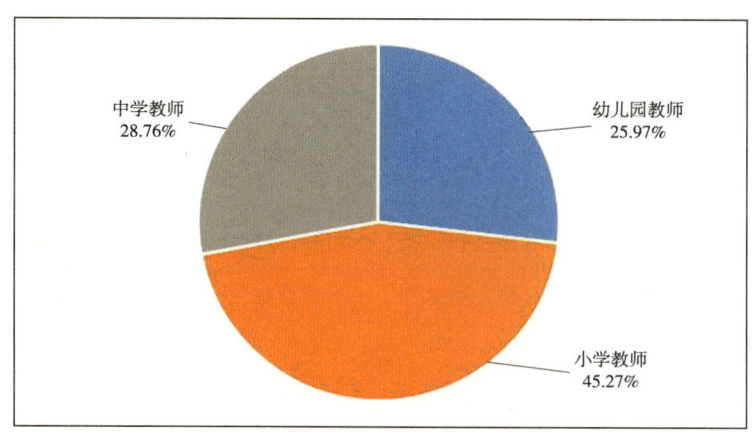

图1.1.5　2016年全国少数民族教师普通话培训参训教师比例

四、全国推广普通话宣传周

全国推广普通话宣传周(简称"推普周")是经1997年国务院第134次总理办公会议批准,于每年9月的第三周在全国范围开展的推广普通话集中宣传活动。从1998年至2016年,推普周活动已连续举办19届,每一届活动均设置了反映时代特征的主题。每一届推普周,国家都在不同的地区或城市举行全国的开闭幕式、主题宣传等重点活动,历届重点活动的举办地从大城市逐步向中小城市,进而向乡镇和农村延伸,从东部地区逐步向中部,进而向西部地区扩展,反映出近20年来国家推广普通话的工作重心不断向推普基础较薄弱的地区倾斜,推普工作不断向农村和少数民族地区攻坚。具体见表1.1.4。

表1.1.4 历届推普周活动时间、主题和重点活动城市

届数	时间	活动主题	重点活动城市
第1届	1998.9.13—19	推广普通话,促进语言文字规范化	北京
第2届	1999.9.12—18	推广普通话,迎接新世纪	北京
第3届	2000.9.10—16	推广普通话,迈向新世纪	北京
第4届	2001.9.9—15	宣传贯彻《国家通用语言文字法》,大力推广普通话,促进语言文字规范化	重庆、广州、上海
第5届	2002.9.15—21	宣传贯彻《国家通用语言文字法》,大力推广普通话,促进语言文字规范化	成都、佛山、南京
第6届	2003.9.14—20	大力推广普通话,齐心协力奔小康	兰州、南宁、汕头、武汉
第7届	2004.9.12—18	普通话——情感的纽带,沟通的桥梁	长沙、合肥、茂名、呼和浩特
第8届	2005.9.11—17	实现顺畅交流,构建和谐社会	楚雄、梅州、宁波
第9届	2006.9.10—16	普通话——五十年推广,新世纪普及	太原、运城、遵义、肇庆
第10届	2007.9.9—15	构建和谐语言生活,弘扬中华优秀文化	井冈山、涞源、济宁、曲阜
第11届	2008.9.14—20	构建和谐语言生活,营造共有精神家园	上海、黑河

第一章　国家通用语言文字普及与规范

(续表)

届数	时间	活动主题	重点活动城市
第12届	2009.9.13—19	热爱祖国语言文字,构建和谐语言生活	南京、东莞
第13届	2010.9.12—18	规范使用国家通用文字,弘扬中华优秀文化传统	西安、北京
第14届	2011.9.11—17	提升国家通用语言文字应用能力,弘扬中华优秀文化传统	鄂尔多斯、拉萨
第15届	2012.9.14—20	大力推广和规范使用国家通用语言文字	北京、宁晋
第16届	2013.9.11—17	推广普通话,共筑中国梦	三亚、恩施
第17届	2014.9.15—21	说好普通话,圆梦你我他	厦门、贵阳、滦平
第18届	2015.9.14—20	依法推广普通话,提升国家软实力	安阳、诸暨店口镇、会宁
第19届	2016.9.8—14	大力推行和规范使用国家通用语言文字,助力全面建成小康社会	恭城、海东

2016年9月8日—14日第19届推普周期间,全国各省(区、市)围绕"大力推行和规范使用国家通用语言文字,助力全面建成小康社会"的主题,广泛发动、精心组织,共计发放张贴宣传画190余万张,举办广场宣传活动3,700余场,举办讲座培训活动和书法展览等会展活动各5,000余次,举办朗诵等文艺演出1.1万余场次,电视台播出公益广告约1.7万条次,在全社会营造了浓厚的推普宣传氛围。具体见表1.1.5。

表1.1.5　2016年各省(区、市)开展第19届全国推普周活动情况

序号	活动形式	全国总数
1	发放张贴宣传画	约190万张
2	举办广场宣传活动	约3,700场
3	举办讲座培训活动	5,824次
4	举办书法展览等会展活动	5,995次
5	举办朗诵、诵读等文艺演出活动	11,198场次
6	电视台播出公益广告	16,967条次

第二节　国家通用语言文字规范化标准化

促进国家通用语言文字规范化标准化，使国家通用语言文字在社会生活中更好地发挥作用，是我国语言文字事业的重要任务。新中国成立以来，我国的国家通用语言文字规范化标准化工作取得了巨大成就。

一、国家通用语言文字规范标准

据中国语言文字规范标准研究中心①的统计，目前面向社会应用的国家通用语言文字规范标准共 6 类 47 种，体系日趋完善。

（一）汉字及汉字应用类

此类规范标准共有 20 种，具体见表 1.2.1。

表 1.2.1　汉字及汉字应用类规范标准

序号	名称	发布形式	初次发布年份	发布单位
1	第一批异体字整理表	规范性文件	1955	文化部、文改会
2	汉字简化方案	规范性文件	1956	国务院
3	简化字总表	规范性文件	1964	文改会、文化部、教育部
4	印刷通用汉字字形表	规范性文件	1965	文化部、文改会
5	部分计量单位名称统一用字表	规范性文件	1977	文改会、国家标准计量局
6	第二次汉字简化方案（草案）	规范性文件	1977	文改会
7	现代汉语常用字表	规范性文件	1988	国家语委、国家教委
8	现代汉语通用字表	规范性文件	1988	国家语委、新闻出版署
9	现代汉语通用字笔顺规范	规范性文件	1997	国家语委、新闻出版署
10	信息处理用 GB 13000.1 字符集汉字部件规范	语委规范	1997	国家语委

---

① 国家语委科研机构之一，设在北京语言大学。

(续表)

序号	名称	发布形式	初次发布年份	发布单位
11	GB 13000.1 字符集汉字笔顺规范	语委规范	1999	国家语委
12	GB 13000.1 字符集汉字字序（笔画序）规范	语委规范	1999	国家语委
13	印刷魏体字形规范	语委规范	1999	国家语委
14	印刷隶体字形规范	语委规范	1999	国家语委
15	GB 13000.1 字符集汉字折笔规范	语委规范	2001	教育部、国家语委
16	汉字部首表	语委规范	2009	教育部、国家语委
17	GB 13000.1 字符集汉字部首归部规范	语委规范	2009	教育部、国家语委
18	现代常用独体字规范	语委规范	2009	教育部、国家语委
19	现代常用字部件及部件名称规范	语委规范	2009	教育部、国家语委
20	通用规范汉字表	规范性文件	2013	国务院

（二）拼音、语音和拼写类

此类规范标准共有 12 种，见表 1.2.2。

表 1.2.2　拼音、语音和拼写类规范标准

序号	名称	发布形式	初次发布年份	发布单位
1	汉语拼音方案	全国人大决议	1958	全国人大
2	少数民族语地名汉语拼音字母音译转写法	规范性文件	1976	国家测绘总局、文改会
3	汉语拼音字母名称读音对照表	规范性文件	1982	国家标准局、文改会
4	中国地名汉语拼音字母拼写规则（汉语地名部分）	规范性文件	1984	地名委、文改会、国家测绘局
5	普通话异读词审音表	规范性文件	1985	国家语委、国家教委、广电部
6	文献工作——中文罗马字母拼写法	国际标准	1991	国际标准化组织
7	中国各民族名称的罗马字母拼写法和代码	国家标准	1991	国家技术监督局

(续表)

序号	名称	发布形式	初次发布年份	发布单位
8	中文书刊名称汉语拼音拼写法	国家标准	1992	国家技术监督局
9	日本汉字的汉语读音规范(草案)	绿皮书①	2009	国家语委
10	中国人名汉语拼音字母拼写规则	国家标准	2011	国家质检总局、国家标准委
11	汉语拼音正词法基本规则	国家标准	2012	国家质检总局、国家标准委
12	汉语拼音词汇(专名部分)	绿皮书	2015	国家语委

(三) 词汇类

此类规范标准共有 3 种,见表 1.2.3。

表 1.2.3　词汇类规范标准

序号	名称	发布形式	初次发布年份	发布单位
1	第一批异形词整理表	语委规范	2001	教育部、国家语委
2	现代汉语常用词表(草案)	绿皮书	2008	国家语委
3	出版物上数字用法	国家标准	2011	国家质检总局、国家标准委

(四) 标点符号类

此类规范标准共有 2 种,见表 1.2.4。

表 1.2.4　标点符号类规范标准

序号	名称	发布形式	初次发布年份	发布单位
1	标点符号用法	国家标准	2011	国家质检总局、国家标准委
2	夹用英文的中文文本的标点符号用法(草案)	绿皮书	2014	国家语委

(五) 测试及评估类

此类规范标准共有 8 种,见表 1.2.5。

---

① 《中国语言生活绿皮书》A 系列所载的语言文字软性规范,下同。语言文字应用具有弹性,规范难度大,往往需要一个试行试用的过程,在试行试用过程中逐步完善。发布语言文字软性规范,既让社会有所遵从,起到规范引导作用,又留下了足够的弹性空间。

表 1.2.5　测试及评估类规范标准

序号	名称	发布形式	初次发布年份	发布单位
1	普通话水平测试等级标准（试行）	规范性文件	1997	国家语委
2	一类城市语言文字工作评估指导标准（试行）	规范性文件	2000	教育部、国家语委
3	普通话水平测试大纲	规范性文件	2003	教育部、国家语委
4	汉字应用水平等级及测试大纲	语委规范	2006	教育部、国家语委
5	汉语口语水平等级标准及测试大纲	语委规范	2010	教育部、国家语委
6	旅游行业普通话水平等级标准及测试大纲（草案）	绿皮书	2014	国家语委
7	普通话朗诵水平等级标准及测试大纲（草案）	绿皮书	2014	国家语委
8	普通话演讲水平等级标准及测试大纲（草案）	绿皮书	2014	国家语委

（六）翻译类

此类规范标准共有 2 种，见表 1.2.6。

表 1.2.6　翻译类规范标准

序号	名称	发布形式	初次发布年份	发布单位	备注
1	外语地名汉字译写导则	国家标准	1999	国家质检总局、国家标准委	包含英语、法语、德语、俄语、西班牙语、阿拉伯语、葡萄牙语、蒙古语 8 个部分
2	推荐使用外语词中文译名表	其他	2013	外语中文译写规范部际联席会议专家委	2013 年发布第一批，2014 年发布第二、三批，2016 年发布第四批

2016 年，国家通用语言文字规范标准制修订工作取得新进展。"普通话审音原则制定及《普通话异读词审音表》修订"通过专家鉴定，《普通话异读词审音表（修订）》提交国家语委语言文字规范标准审定委员会审定，并获原则通过。2006 年首次发布的《汉字应用水平等级及测试大纲》于 2016 年发布了修订版，修订版根据 2013 年国务院发布的《通用规范汉字表》对测试字表进行了增删，并对等级标准、试卷结构、试题数量等进行了调整。"《通用规范汉字表》楷体字字形

标准研制"和"中国教科书专用字体研究与设计"通过了专家鉴定。

二、外语中文译写规范

外语中文译写规范近年来受到广泛关注。我国从 2012 年起正式建立外语中文译写规范部际联席会议制度。截至 2016 年,外语中文译写规范部际联席会议专家委员会已发布推荐使用的外语词中文译名 4 批次共 72 组。

(一)第一批推荐使用外语词中文译名表

第一批译名表于 2013 年 10 月 23 日发布,共 10 组,以社会出现和使用频率较高、应用较为广泛、译名较为稳定的外语词为主。具体见表 1.2.7。

表 1.2.7　第一批推荐使用外语词中文译名表

序号	外语词缩略语	外语词全称	中文译名	或译为
1	AIDS	acquired immune deficiency syndrome	艾滋病	
2	E-mail	electronic mail	电子邮件	电邮
3	GDP	gross domestic product	国内生产总值	
4	IQ	intelligence quotient	智商	
5	IT	information technology	信息技术	
6	OECD	Organization for Economic Co-operation and Development	经济合作与发展组织	经合组织
7	OPEC	Organization of the Petroleum Exporting Countries	石油输出国组织	欧佩克
8	PM2.5	particulate matter 2.5	细颗粒物	
9	WHO	World Health Organization	世界卫生组织	世卫组织
10	WTO	World Trade Organization	世界贸易组织	世贸组织

(二)第二批推荐使用外语词中文译名表

第二批译名表于 2014 年 8 月 7 日发布,共 16 组,以联合国一级二级机构名称作为译写规范对象。具体见表 1.2.8。

表 1.2.8　第二批推荐使用外语词中文译名表

序号	外语词缩略语	外语词全称	中文译名	或译为
1	UN	United Nations	联合国	
2	UNGA	United Nations General Assembly	联合国大会	联大
3	UN Secretariat	United Nations Secretariat	联合国秘书处	
4	UNICJ	United Nations International Court of Justice	联合国国际法院	国际法院
5	UNCTAD	United Nations Conference on Trade and Development	联合国贸易和发展会议	联合国贸发会议
6	IAEA	International Atomic Energy Agency	国际原子能机构	
7	OPCW	Organization for the Prohibition of Chemical Weapons	禁止化学武器组织	禁化武组织
8	ICAO	International Civil Aviation Organization	国际民用航空组织	国际民航组织
9	ILO	International Labour Organization	国际劳工组织	
10	IMO	International Maritime Organization	国际海事组织	
11	ITU	International Telecommunication Union	国际电信联盟	国际电联
12	UNWTO	United Nations World Tourism Organization	世界旅游组织	
13	UPU	Universal Postal Union	万国邮政联盟	万国邮联
14	WIPO	World Intellectual Property Organization	世界知识产权组织	
15	IFC	International Finance Corporation	国际金融公司	
16	UNGEGN	United Nations Group of Experts on Geographical Names	联合国地名专家组	

（三）第三批推荐使用外语词中文译名表

第三批译名表于 2014 年 12 月 2 日发布，共 22 组，在第二批译名的基础上，对联合国机构译名进行了进一步的补充和完善。具体见表 1.2.9。

表 1.2.9　第三批推荐使用外语词中文译名表

序号	外语词缩略语	外语词全称	中文译名	或译为
1	——	Committee on Non-Governmental Organizations	联合国非政府组织委员会	
2	DFS	Department of Field Support	联合国外勤支助部	联合国外勤部
3	DM	Department of Management	联合国管理事务部	联合国管理部
4	DPKO	Department of Peacekeeping Operations	联合国维持和平行动部	联合国维和部
5	DPA	Department of Political Affairs	联合国政治事务部	联合国政治部
6	EOSG	Executive Office of the Secretary-General	联合国秘书长办公厅	
7	IBRD	International Bank for Reconstruction and Development	国际复兴开发银行	
8	IDA	International Development Association	国际开发协会	
9	——	International Law Commission of United Nations	联合国国际法委员会	
10	——	Military Staff Committee	安理会军事参谋团	安理会军参团
11	OCHA	Office for the Coordination of Humanitarian Affairs	联合国人道主义事务协调厅	联合国人道协调厅
12	OIOS	Office of Internal Oversight Services	联合国内部监督事务厅	联合国监督厅
13	OLA	Office of Legal Affairs	联合国法律事务厅	联合国法律厅
14	——	Preparatory Commission for the Comprehensive Nuclear-Test-Ban Treaty Organization	全面禁止核试验条约组织筹备委员会	禁核试组织筹委会
15	UNON	United Nations Office at Nairobi	联合国内罗毕办事处	
16	UNOV	United Nations Office at Vienna	联合国维也纳办事处	
17	UNOPS	United Nations Office for Project Services	联合国项目事务厅	联合国项目厅
18	UNSSC	United Nations System Staff College	联合国系统职员学院	
19	UNU	United Nations University	联合国大学	
20	——	World Bank	世界银行	
21	——	World Bank Group	世界银行集团	世行集团
22	WMO	World Meteorological Organization	世界气象组织	

(四)第四批推荐使用外语词中文译名表

第四批译名表于 2016 年 6 月 23 日发布,共 24 组。部分第二批审议未能通过的译名经过专家反复讨论、取得共识后,在本批次发布;同时在力求稳妥的基础上,本批次在关注社会热点新词方面做了尝试。具体见表 1.2.10。

表 1.2.10　第四批推荐使用外语词中文译名表

序号	外语词缩略语	外语词全称	中文译名	或译为
1	3D	three dimensions	三维	3 维
2	4D	four dimensions	四维	4 维
3	APEC	Asia-Pacific Economic Cooperation	亚太经济合作组织	亚太经合组织
4	ATM	automatic teller machine	自动柜员机	自动取款机
5	BRT	bus rapid transit	快速公交系统	快速公交
6	CBD	central business district	中心商务区	中央商务区
7	CEO	chief executive officer	首席执行官	
8	CFO	chief financial officer	首席财务官	
9	CPA	certified public accountant	注册会计师	
10	CPI	consumer price index	消费者价格指数	消费价格指数
11	EMS	express mail service	邮政特快专递	邮政快递
12	FAO	Food and Agriculture Organization of the United Nations	联合国粮食及农业组织	联合国粮农组织
13	G20	Group of Twenty	二十国集团	20 国集团
14	HIV	human immunodeficiency virus	人类免疫缺陷病毒	艾滋(病)病毒
15	ICU	intensive care unit	重症监护室	重症监护病房
16	IMF	International Monetary Fund	国际货币基金组织	
17	IOC	International Olympic Committee	国际奥林匹克委员会	国际奥委会
18	MBA	Master of Business Administration	工商管理硕士	
19	PM10	particulate matter 10	可吸入颗粒物	
20	UNESCO	United Nations Educational, Scientific and Cultural Organization	联合国教育科学文化组织	联合国教科文组织
21	VIP	very important person	贵宾	要客
22	Wi-Fi	wireless fidelity	无线(局域)网	无线保真
23	WMO	World Meteorological Organization	世界气象组织	
24	WWF	World Wide Fund for Nature	世界自然基金会	

2016年，第五批译名的研制工作已全面启动，将延续第四批次的研制思路，采用社会热点词语和国际组织名称并重的策略，进一步加大外语词中文译名规范的力度。目前已完成译名初选工作，并在一定范围内征询了专家委员会部分专家的意见。

三、科技术语规范

科技术语规范是语言文字规范化标准化建设的重要内容。1985年，国务院批准成立全国科学技术名词审定委员会（原称全国自然科学名词审定委员会，简称"全国名词委"），经该委员会审定公布的名词具有权威性和约束力，全国各科研、教学、生产经营以及新闻出版等单位应遵照使用。1985年以来，全国名词委共组建科学技术各名词审定分委员会95个，目前已公布了天文学、物理学、生物化学、电子学、农学、医学、语言学、教育学等120余种规范名词，内容覆盖基础科学、工程与技术科学、农业科学、医学、人文社会科学、军事科学等各个领域。此外，全国名词委还积极推动海峡两岸科学技术名词交流对照统一工作，出版了20多个学科的海峡两岸科学技术名词交流对照本和8个学科的繁体字本。

2016年，全国名词委共组织67个审定分委员会开展科技名词审定公布工作，共审定公布12个学科46,004条规范科技名词。其中，预公布21,128条，正式公布24,876条。全年共开展7个学科的两岸名词对照整理工作，正式发布2个学科共12,000条两岸对照名词。具体见表1.2.11。

表1.2.11 全国名词委2016年公布名词情况

	学科名称	名词数量	出版情况	分类统计
正式公布名词	《管理科学技术名词》	8,642	已出版	
	《显微外科学名词》	1,204	已出版	
	《化学名词》（第二版）	8,708	已出版	
	《地方病学名词》	1,275	已出版	
	《林学名词》（第二版）	5,047	已出版	24,876
预公布名词	《神经病学名词》	1,996	未出版	
	《计划生育名词》	1,574	未出版	
	《手外科学名词》	2,807	未出版	
	《老年医学名词》	1,690	未出版	

(续表)

	学科名称	名词数量	出版情况	分类统计
	《烧伤学名词》	1,132	未出版	
	《感染病学名词》	3,029	未出版	
	《计算机科学名词》	8,900	未出版	21,128
两岸名词	《海峡两岸心理学名词》	5,000	已出版	
	《海峡两岸音乐名词》	7,000	已出版	12,000
全藏版名词	《科学技术名词·工程技术卷》(全藏版)	224,399	已出版	224,399
	合计	282,403		282,403

2016年，全国科技名词委还开展了113、115、117、118号新元素中文定名工作，详细拟定计划方案，面向全社会征集名称，组织召开两次定名研讨会，并积极与台湾有关方面沟通协调，将四个新元素的中文名分别定为"鉨"(nǐ)、"镆"(mò)、"砝"(tián)、"鿫"(ào)。

第三节　国家通用语言文字培训测试

开展普通话和汉字应用水平培训测试,提高国民语言文字应用能力,是大力推广和规范使用国家通用语言文字的重要措施。我国分别于 1994 年和 2006 年推出了面向一般人群的普通话水平测试和汉字应用水平测试,经过多年的实践和调整,国家通用语言文字测试体系已经逐步成熟。2003 年,我国还推出了少数民族汉语水平等级考试,面向母语非汉语的少数民族学习者,为其学习国家通用语提供了科学的评价标准。

一、普通话水平测试[①]

普通话水平测试是推广普通话的重要举措,是对应试人运用普通话的规范程度、熟练程度的口语考试。普通话水平等级分为三级六等,即一、二、三级,每个级别再分出甲乙两个等次;一级甲等为最高,三级乙等为最低。自 1994 年国家语委、国家教委、广播电影电视部发布《关于开展普通话水平测试工作的决定》以来,普通话水平测试已开展 22 年。2016 年,全国参加普通话水平测试的人次共 604.20 万,历年累计已达 6,446.12 万。

(一) 测试人群分布

根据国家通用语言文字法律法规等的规定,普通话水平测试的参测人群主要包括公务员、教师、学生、广电系统播音员主持人,以及自愿报名参测的社会其他人员。从 2016 年参测人群看,学生最多,社会其他人员次之,教师第三;从历年整体看,学生最多,教师次之,社会其他人员第三。具体见表 1.3.1。

---

① 本部分 2016 年度的各项数据根据各省级语言文字工作机构申报统计,历年累计数据由国家语委普通话与文字应用培训测试中心提供。

表 1.3.1 2016年及历年普通话水平测试人群分布

参测人群	2016年人次	2016年比例%	历年总人次	历年总比例%
公务员	104,205	1.72	1,868,638	2.90
教师	297,699	4.93	12,621,704	19.58
学生	4,821,951	79.81	43,676,959	67.76
广电系统	7,451	0.12	148,520	0.23
社会其他人员	810,700	13.42	6,145,375	9.53
合计	6,042,006	100	64,461,196	100

(二) 各省(区、市)测试人次

2016年,各省(区、市)测试人次差异明显,山东、湖南测试人次超过50万,居全国之首。具体见表1.3.2。

表 1.3.2 2016年各省(区、市)普通话水平测试人次及人群分布

序号	省(区、市)	公务员	教师	学生	广电系统	社会其他人员	合计
1	北京	306	3,480	42,952	413	13,532	60,683
2	天津	16	728	27,398	0	2,833	30,975
3	河北	204	7,776	340,450	95	9,900	358,425
4	山西	166	5,988	170,522	21	6,071	182,768
5	内蒙古	10,021	1,711	95,929	0	2,005	109,666
6	辽宁	1,160	6,302	59,172	99	11,767	78,500
7	吉林	1,724	1,773	56,766	31	4,948	65,242
8	黑龙江	26	2,315	64,623	82	14,860	81,906
9	上海	284	2,462	143,251	78	8,943	155,018
10	江苏	8,127	22,779	303,828	1,421	6,853	343,008
11	浙江	626	7,424	117,215	390	29,378	155,033
12	安徽	3,072	6,560	196,984	45	8,054	214,715
13	福建	4,683	4,994	95,276	241	17,935	123,129
14	江西	7,292	12,394	170,637	116	16,839	207,278
15	山东	18,180	29,671	431,975	523	61,801	542,150
16	河南	19,047	26,183	394,777	88	13,801	453,896
17	湖北	2,850	11,799	214,043	219	17,595	246,506
18	湖南	2,471	7,508	203,334	1,808	326,225	541,346

(续表)

序号	省（区、市）	公务员	教师	学生	广电系统	社会其他人员	合计
19	广东	2,237	15,977	234,353	119	43,246	295,932
20	广西	475	11,866	199,619	86	12,789	224,835
21	海南	11	544	22,514	4	5,186	28,259
22	重庆	38	6,454	162,462	52	7,985	176,991
23	四川	771	26,640	380,552	619	59,150	467,732
24	贵州	6,115	33,275	174,713	39	41,711	255,853
25	云南	3,672	16,065	271,796	40	33,024	324,597
26	西藏	4,643	1,687	2,890	75	451	9,746
27	陕西	590	11,602	89,281	633	19,833	121,939
28	甘肃	4,757	4,560	102,610	48	4,191	116,166
29	青海	221	1,565	11,226	1	533	13,546
30	宁夏	0	209	10,175	9	8,858	19,251
31	新疆	420	5,408	30,628	56	403	36,915
	合计	104,205	297,699	4,821,951	7,451	810,700	6,042,006

（三）测试成绩分布

2016年全国普通话水平测试成绩呈现出"中间多，两头少"的分布特征。除不入级者外，在三级六等的范围内，获得二级甲等、二级乙等和三级甲等成绩者

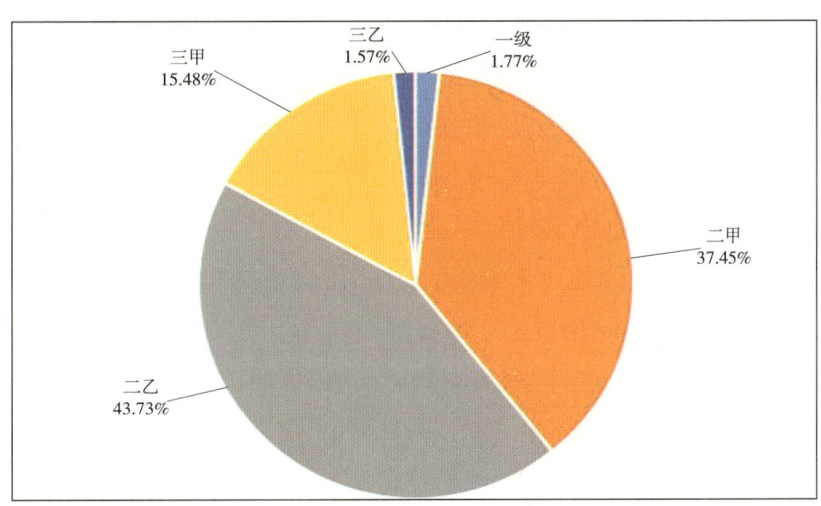

图1.3.1　2016年全国普通话水平测试成绩分布

总共占到了总人数的96.66%,其中获得二级乙等者占的比重最大,达到43.73%。获得一级乙等和三级乙等成绩者的比重分别为1.76%和1.57%,而获得最高成绩一级甲等者极少,仅占0.01%。见图1.3.1(见上页)。

(四)测试员队伍建设

普通话水平测试员队伍建设是普通话水平测试的基础工作。截至2016年,国家语委普通话与文字应用培训测试中心共举办国家级测试员培训考核班58期,培训学员6,107名。目前全国共有国家级普通话水平测试员5,315名,省级普通话水平测试员54,716名。

(五)测试技术发展

从2007年起,计算机辅助普通话水平测试系统正式应用于普通话水平测试。至2016年,全国31个省(区、市)普遍推行计算机辅助测试。2016年测试的604.20万人次中,参加计算机辅助测试的人次为566.80万,占93.81%。

二、汉字应用水平测试

汉字应用水平测试是教育部、国家语委组织实施的语言类标准化水平测试,主要测试中等以上受教育程度人群在以规范汉字为媒介的阅读、书面表达等活动中掌握和使用汉字所达到的水平。2006年8月,教育部、国家语委发布了《汉字应用水平等级及测试大纲》,自2007年2月1日起试行。2016年1月,教育部、国家语委发布了修订后的《汉字应用水平等级及测试大纲》,并于2016年5月1日起实施。2016年10月,教育部语言文字应用管理司发出《关于推进汉字应用水平测试工作的通知》,要求各地语言文字工作主管部门和培训测试机构积极推进汉字应用水平测试工作。

自2006年推出汉字应用水平测试以来,全国参测人数累计已达21万余人次。2016年在上海、湖南两省市开展实测,总计1.4万余人参测,其中上海1.07万人,湖南0.39万人。汉字应用水平测试成绩共分三级,两省市参测人员成绩分布见表1.3.3。

表 1.3.3　2016年上海、湖南汉字应用水平测试人次及成绩分布

	上海				湖南			
等级	一级	二级	三级	不入级	一级	二级	三级	不入级
人数	446	5,246	3,859	1,182	70	2,003	1,628	201
比例	4.16%	48.88%	35.95%	11.01%	1.80%	51.33%	41.72%	5.15%

综合两省市情况看,一级水平者516人,占3.53%;二级水平者7,249人,占49.53%;三级水平者5,487人,占37.49%;不入级者1,383人,占9.45%。具体见图1.3.2。

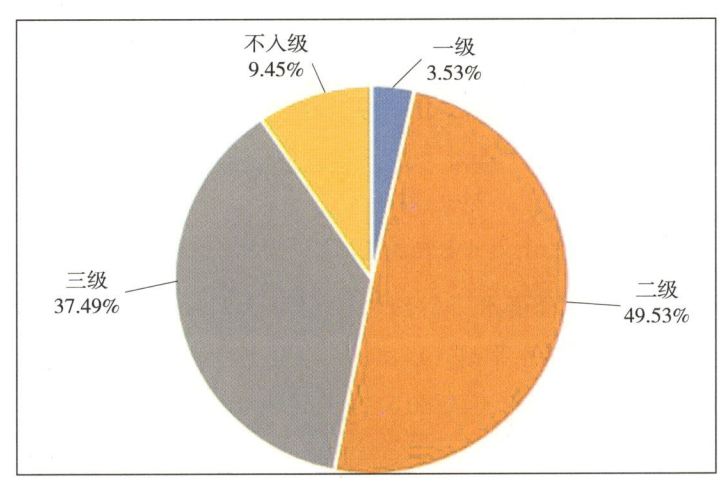

图 1.3.2　2016年上海、湖南汉字应用水平测试成绩分布

三、少数民族汉语水平等级考试

少数民族汉语水平等级考试是专门测试母语非汉语少数民族汉语学习者普通话水平的国家级标准化考试,主要考查应考者实际运用普通话进行交际的能力,运用普通话完成生活、学习、工作和社会交往任务的能力。该考试从低到高分为互相衔接的四个等级,最低一级,最高四级。该考试于2003年正式开考,参考人数逐年增多,至2016年,累计达到156.62万人次。

据北京语言大学汉语考试与教育测量研究所的统计,2016年,全国参加该考试的少数民族人数共计338,320人。考生来自10多个少数民族,其中:蒙古族27,502人,约占8.13%;藏族20,880人,约占6.17%;维吾尔族232,025人,约占68.58%;哈萨克族41,173人,约占12.17%;朝鲜族1,609人,约占0.48%;彝族

1,848人，约占0.55%；壮族383人，约占0.11%；柯尔克孜族、塔吉克族、乌孜别克族、回族、东乡族、撒拉族等其他少数民族12,900人，约占3.81%。具体见图1.3.3。

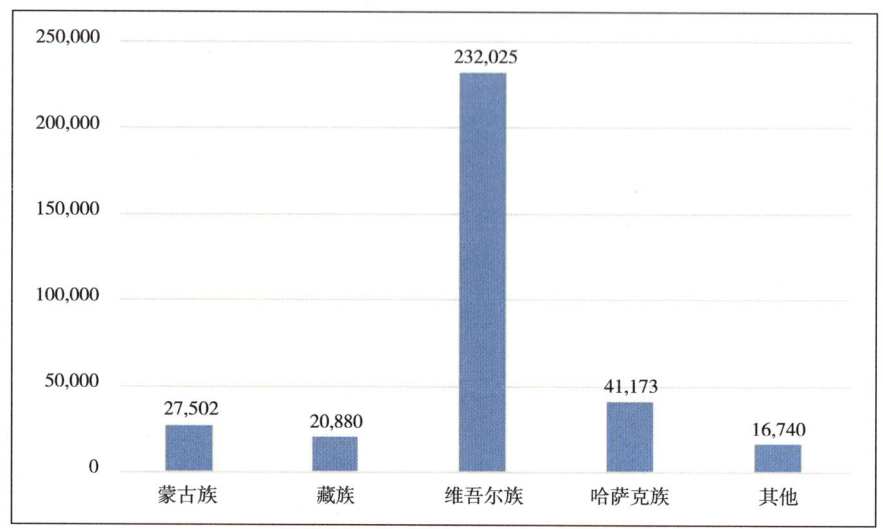

图1.3.3　2016年少数民族汉语水平等级考试参测人群①

2016年，少数民族汉语水平等级考试参测人员中达到一级水平的20,388人，约占6.03%；达到二级水平的10,126人，约占2.99%；达到三级水平的247,789人，约占73.24%；达到四级水平的60,017人，约占17.74%。具体见图1.3.4。

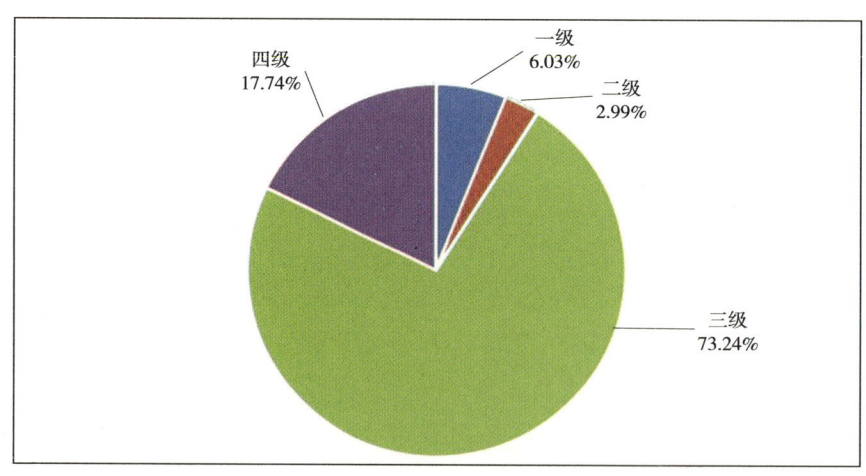

图1.3.4　2016年少数民族汉语水平等级考试成绩分布

---

① "其他"包括朝鲜族、彝族、壮族、柯尔克孜族、塔吉克族、乌孜别克族、回族、东乡族、撒拉族等少数民族。

第二章　语言文字信息化建设

语言文字信息化是国家信息化战略的重要基础。制定面向信息处理的语言文字标准和技术标准，推动语言文字信息技术的创新与发展，建设语言文字数据资源，促进语言资源的数字化开发利用，是我国语言文字事业的重要职责。自上世纪 80 年代以来，我国主动适应国家信息化战略的发展需求，大力加强语言文字信息化建设，取得了一系列重要成果，对我国国民的社会生活产生了积极影响，为加快国家的信息化进程做出了积极贡献。

2016 年，我国语言文字信息化建设取得了新的进步。由国家语委立项研发的"汉字简繁文本智能转换系统"（第二期）通过结项鉴定，并获得中国中文信息学会"钱伟长中文信息处理科学技术奖"；为推动语言智能、辅助学习、机器翻译等语言信息技术发展，设立了"智能语音及人工智能技术在语言学习中的应用研究""英汉机器翻译译文错误分析及面向篇章的机器翻译解决方案研究"等科研项目；同时，继续推进通用汉字全息数据库、国家语言资源动态流通语料库等语言文字信息化基础资源建设，启动了"国家语委语言资源服务平台"一期工程建设。

第一节　语言文字信息技术发展与应用

语言文字信息技术是语言文字信息化建设的关键，也是人工智能最重要的环节之一。我国的语言文字信息处理可以分为两个层面：一是以字或字形为单位的字处理技术，旨在使汉字、少数民族文字及相关字符进入计算机，并通过一定的技术读取、调用、编辑、显示和输出；二是以词语、句子、篇章为单位的语言处理技术，旨在实现计算机的语义理解，进而满足机器翻译、自动问答等智能应用的需要。

第二章 语言文字信息化建设

一、文字处理技术

作为语素文字,汉字数量庞大。上世纪 80 年代以来,我国已成功地使 7 万多汉字及相关字符进入计算机。汉字处理技术主要包括两个方面:一是如何准确、快捷地在计算机中读取、调用不同的汉字字符,即汉字输入技术;二是如何在屏幕或打印设备上显示或输出汉字字符图形,即汉字输出技术。此外,汉字简繁转换技术近年来也取得了重大进步。总体而言,汉字处理技术已经成熟,基本适应了人们汉字信息化处理的日常需求。

(一)汉字输入

1. 键盘输入技术

上世纪 70 年代以来,为实现汉字进入计算机这样一个"科学的梦",在政府的指导和各方学者的努力下,汉字键盘输入技术研究得到迅速发展。据不完全统计,国内已登记的汉字编码输入技术专利近 3,000 种,其中已在不同时期、不同领域推广应用的输入法或系统近百种,主要包括形码、音码两种技术路径,如五笔字型、双拼、智能 ABC、微软拼音等。目前使用广泛的是属于音码的拼音输入法。拼音输入法可以整句输入,具有较高智能水平,由于学习成本低,效率高,受到用户的青睐,市场占有率达 95% 以上,如搜狗输入法、百度输入法等。

2. 光学字符识别技术①

我国面向汉字的光学字符识别研究始于上世纪 70 年代末。目前印刷体汉字识别和联机手写体识别均已实用化,高质量的印刷体识别正确率可达 99% 以上。百度、汉王科技、清华紫光、科大讯飞、捷通华声等多家企业都开发出了成熟的文字识别产品,较好地满足了文秘、教育、图书馆等领域的文字识别需求,也为图像检索、识图翻译等高级应用奠定了基础。

(二)汉字输出

上世纪 80 年代,激光照排技术使中文字体从铅字时代进入光电时代。90

---

① 光学字符识别(Optical Character Recognition, OCR)技术是关于将文字图像转换成可供计算机识别和处理的内码的技术。字符识别根据识别的实时性分为联机识别和脱机识别,根据识别对象可分为手写体识别和印刷体识别。

年代,我国字库行业迅速发展,出现了十余家字库厂商,较知名的有方正、汉仪、华文、华光、中易、四通、长城等。进入新世纪,随着市场与技术的发展,中国字库行业有了质的飞跃,不仅开发出了多款利于排版印刷、便于用户阅读的正文类字体,还新增了近200款创意、书法类字体,用以满足各类设计需求。目前我国字体款数已超过600款。

移动互联网的发展也促使字库行业不断进行技术创新,如针对移动设备存储问题的字库压缩技术、针对小字号屏幕显示清晰度问题的Hint指令技术、针

图 2.1.1　不同书体汉字及部分少数民族文字字库字形示例

对网页字体嵌入问题的字库云服务等。

2006年,新闻出版总署启动"中华字库"工程,旨在搜集、整理、编码并构建涵盖古今汉字和古今少数民族文字形体的大规模字库系统。工程预计收录的历代汉字字符和其他字符约30万个。

(三)汉字简繁转换

2012年以来,在教育部、国家语委的立项支持下,厦门大学、教育部语言文字应用研究所、北京师范大学联合研发了"汉字简繁文本智能转换系统"(simplified characters to traditional characters,简称s2t)。该系统支持《通用规范汉字表》和国际标准Unicode 8.0的全部汉字,提供字、词、专业术语、标点等不同层次的简繁转换功能,并提供了在线转换服务和网站全站转换服务。系统克服了同类软件在"一简对多繁"转换情况下的不足,能够实现"面向台湾、香港"和"面向古籍"两种字体简繁转换,供公众免费使用。2014年11月至2017年3月,系统单机版共下载14.8万次,网页版共完成在线转换请求2,200万次,平均每天2.57万次。[①]

该系统一期工程于2014年11月发布,二期工程于2016年6月研发完成,并于年内获得中国中文信息学会"钱伟长中文信息处理科学技术奖"。系统功能和主要技术指标如表2.1.1所示。

表2.1.1　s2t系统在功能特性和主要技术指标上与其他同类系统的对比[②]

功能特性/技术指标	s2t	Word	Google	STGuru
字级别转换	是	是	是	是
词级别转换	是	是	否	是
专业术语转换	是	否	是	是
标点转换	是	否	是	是
网页转换	是	否	是	是
在线转换	是	否	是	否
是否支持古代汉语	是	否	否	否
是否支持全部规范汉字表	是	否	否	否
2万字测试集上面向台湾的字级别转换准确率	99.98%	99.83%	99.85%	99.91%
20万字测试集上面向台湾的字级别转换准确率	99.99%	99.81%	99.86%	99.89%

---

① 此数据由厦门大学智能科学与技术系自然语言处理研究组提供。
② 同上。

(续表)

功能特性/技术指标	s2t	Word	Google	STGuru
20万字测试集上面向台湾的一简对多繁转换准确率	99.76%	96.06%	97.16%	97.68%
100万字测试集上面向台湾的字级别转换准确率	99.99%	—	—	—
100万字测试集上面向台湾的一简对多繁转换准确率	99.83%	—	—	—
中文信息学会简繁转换评测数据集字级别转换准确率	96.43%	64.61%	—	—
100句测试集上面向台湾的词汇转换准确率	76.00%	48.00%	—	—

二、语言处理技术

近年来语言处理技术发展迅速，其中较为活跃的方向包括语音技术、文本处理技术、机器翻译和知识图谱。语言处理技术的迅猛发展极大地丰富了语言生活，并在推动语言研究的同时也对其提出了新的需求。

（一）语音技术

目前，语音技术主要包括语音合成、语音识别和话者识别。

1. 语音合成[①]

近年来，我国语音合成系统在输出语音的质量、自然度等方面得到明显提高，能较好地满足许多特定场合的需求，并在公共场所的信息播报系统、各类导航系统、自动应答系统等方面实现了广泛的应用，并逐渐向娱乐、语音教学、康复治疗等领域拓展。

科大讯飞公司凭借自主研发的技术，在国际著名语音合成评测活动"暴雪挑战赛"上连续多年夺得多个项目第一，标志着我国语音合成技术已达到国际领先水平。

2. 语音识别[②]

目前我国的语音识别相关应用已进入蓬勃发展阶段，近场低噪识别水平已

---

① 语音合成也称为文语转换，是将任意的输入文本转换成自然流畅语音输出的技术。
② 语音识别是通过计算机将人类语音转换为文本的技术。

接近人类。2016年国际多通道语音识别与分离大赛中,科大讯飞公司的自主研发技术在多种场景下的词错误率创下新低,达到2.24%—9.15%,在竞赛测试集上夺得全部项目第一。百度、捷通华声、云之声等企业也在语音识别领域研发了各具特色的技术产品。

我国语音识别技术的成熟和应用极大地推动了语言教育(尤其是普通话水平培训测试)、公共服务、电子商务、个人助理和国家安全等众多领域的技术创新和服务变革。

3. 话者识别[①]

话者识别技术目前已经成为一项较为成熟的现代应用技术,能够较好地满足救援、航运、广播电视、公共安全等应用场景的需要。中国科学院声学研究所、科大讯飞公司等的技术与产品已达国际先进水平。在美国国家标准与技术研究院(NIST)举办的话者识别评测中,科大讯飞公司的识别系统于2008年获综合指标第一名,2010年获综合指标第二名。

(二)文本处理技术

文本处理技术可以分为词法分析、句法分析和语义分析三个层面。词法分析包括中文分词和词性标注,句法分析是对句子进行自动分析以得到其句法结构,语义分析的目的是理解句子表达的真实语义。

1. 词法、句法分析技术[②]

目前,词法、句法分析主要使用统计、深度学习等方法,在分词、词性标注语料和树库上自动训练并构建词法和句法分析系统。在2014年的国际计算语言学学会中文处理特别兴趣小组(ACL SIGHAN)中文分词评测中,最优系统在竞赛测试集上F1[③]值达到97.3%。同年的中文句法分析评测中,最优系统在组合范畴语法测试集上的F1值达到71.8%。目前中文分词、词性标注和句法分析技术基本可以支持包括语义分析、信息检索和信息抽取在内的上层应用。

---

① 话者识别,或者称为声纹识别,是根据语音中所包含的说话人个性信息,利用信息识别技术,自动鉴别说话人身份的一种生物特征识别技术。
② 词法分析是将输入句子从字序列转化为词和词性序列。句法分析将输入句子从词序列形式转化为树状结构,从而刻画句子的词法和句法结构。
③ 业界通常使用精确率与召回率的调和平均值F1值来描述文本处理系统的综合性能。

2. 语义分析技术①

语义分析是文本分析的重点和难点。目前中文的浅层语义分析技术在信息抽取、信息检索和自动问答等应用中起到了重要作用。但深层语义分析难度较大,尤其是句子级和篇章级的语义分析仍难以满足现实需求。在2016年的国际计算语言学学会语义评测竞赛(ACL SemEval)中,最优系统在语义依存测试集上语义成分标记的F1值最高达到了68.6%。

(三)机器翻译②

机器翻译自上世纪50年代诞生以来发展至今,开始步入普惠大众、服务社会的实用阶段。在我国"十二五"规划"863"项目的支持下,由百度公司牵头,中国科学院自动化研究所、浙江大学、哈尔滨工业大学、中国科学院计算研究所和清华大学联合完成的基于互联网大数据的统计机器翻译产业化项目成功应用,荣获2015年度国家科技进步奖二等奖。

2016年,机器翻译又取得了长足进步,百度、搜狗、科大讯飞、腾讯、有道等多家民族企业生产出了一批初具实用性的机器翻译产品,在众多具有外语和少数民族语言需求的领域发挥了重要作用。

(四)知识图谱③

近年来,知识图谱在智能问答中显示出巨大威力,也给互联网语义搜索带来活力,成为互联网智能服务的基础设施。在智能问答领域,基于知识图谱的问答通过对问句的语义分析,将非结构化问句解析成结构化的查询语句,在已有结构化的知识库上查询答案。语义搜索则利用大规模知识图谱对用户搜索关键词和文档内容进行语义标注,改善搜索结果。国内的典型应用有百度的"知心"、搜狗的"知立方"等,另还有许多高校和科研院所建设有特定领域的知识图谱。

---

① 语义分析指运用各种机器学习方法,学习与理解一段文本所表示的语义内容。根据理解对象的语言单位不同,语义分析又可进一步分解为词汇级语义分析、句子级语义分析以及篇章级语义分析。

② 机器翻译是指利用计算机实现从一种自然语言到另一种自然语言的自动翻译。机器翻译研究的目标就是建立有效的自动翻译方法及模型,进而构建机器翻译系统。

③ 知识图谱本质是一种语义网络,旨在以结构化的形式描述客观世界中概念、实体、事件间的复杂关系。知识图谱将信息表达成更接近人类认知的形式,并提供更好地组织、管理和理解互联网海量信息的能力。

第二节 语言文字信息化规范标准

语言文字信息化规范标准主要包括中文编码规范标准、汉字字型规范标准、语言信息处理技术规范标准。

一、中文编码规范标准

中文编码是汉字在计算机中的存储方案和规则,是中文进入计算机、实现信息化的关键步骤,也是当代中文标准化工作的最重要内容之一。上世纪70年代以来,我国语言文字、信息化和标准化主管部门组织制定了多部解决汉字编码问题的规范标准,并进行了多次修订。现行的10部国家标准和1部行业标准较好地解决了汉字在计算机中的存储、交换和处理问题。见表2.2.1。

表2.2.1 中文编码国家标准与行业标准

序号	名称	发布形式	初次发布年份	发布单位	备注
1	信息交换用汉字编码字符集 基本集	国家标准	1980	国家技术监督局	
2	信息交换用汉字编码字符集 第二辅助集①	国家标准	1987	国家技术监督局	
3	信息交换用汉字编码字符集 第四辅助集	国家标准	1987	国家技术监督局	
4	信息交换用汉字编码字符集 辅助集	国家标准	1990	国家技术监督局	
5	信息交换用汉字编码字符集 第三辅助集	国家标准	1991	国家技术监督局	
6	信息交换用汉字编码字符集 第五辅助集	国家标准	1991	国家技术监督局	

① 在确定了汉字编码字符集辅助集总体框架后,各辅助集同时启动研制,之后成熟一个发布一个,故各辅助集未按编号顺序发布。

(续表)

序号	名称	发布形式	初次发布年份	发布单位	备注
7	图文电视广播用汉字编码字符集 香港子集	国家标准	1995	国家技术监督局	
8	信息交换用汉字编码字符集 第七辅助集	国家标准	1998	国家技术监督局	
9	信息技术 通用多八位编码字符集（UCS）第一部分：体系结构与基本多文种平面	国家标准[①]	1993	国家技术监督局	2010年修订发布，在多八位编码技术上实现了国际兼容，国内实用。
10	信息技术 中文编码字符集	国家标准	2000	国家质检总局、国家标准委	2005年修订发布，共收录汉字70244个，是目前我国收录汉字最多的国家标准。
11	信息技术 信息交换用汉字编码字符集 第八辅助集	行业标准	2001	信息产业部	

经过近 40 年的发展，我国的中文编码标准已实现国内通用、国际接轨，并兼容少数民族文字，较好地满足了社会需求。

二、汉字字型规范标准

汉字字型规范，尤其是面向信息化的点阵与矢量字型规范是实现虚拟空间里中文信息输出的基础工作。

在计算机图形输出中，一个具体字符的形状称为字形。具有同一设计的字形图像的集合构成了字型[②]。字型规范标准通常包括字符集标准、字库格式、字形和字体设计方面的信息。

我国现行的 20 部涉及字型工作的国家标准（含字型信息交换标准和字型检测标准）和 9 部行业标准较好地满足了信息技术和社会生活对汉字显示的需求。

---

① 与之对应的国际标准为 ISO/IEC 10646《信息技术 通用多八位编码字符集》。
② "字型"不同于"字库"。

见表 2.2.2。

表 2.2.2　汉字字型国家标准与行业标准

序号	名称	初次发布年份	发布形式	发布单位	备注
1	信息技术 字型信息交换	1997	国家标准	国家技术监督局	包含《第 1 部分:体系结构》《第 2 部分:交换格式》《第 3 部分:字形形状表示》
2	信息技术 通用多八位编码字符集(基本多文种平面)汉字 24 点阵字型	2005	国家标准	国家标准委	包含《第 1 部分:宋体》《第 2 部分:黑体》
3	信息技术 通用多八位编码字符集(基本多文种平面)汉字 48 点阵字型 第 1 部分:宋体	2005	国家标准	国家标准委	
4	信息技术 汉字编码字符集(基本集)48 点阵字型	2008	国家标准	国家标准委	包含《第 1 部分:宋体》《第 2 部分:黑体》《第 3 部分:楷体》《第 4 部分:仿宋体》
5	信息技术 汉字编码字符集(基本集)64 点阵字型	2008	国家标准	国家标准委	包含《第 1 部分:宋体》《第 2 部分:黑体》《第 3 部分:楷体》《第 4 部分:仿宋体》
6	信息技术 中文编码字符集 汉字 15×16 点阵字型	2008	国家标准	国家标准委	
7	信息技术 中文编码字符集 汉字 48 点阵字型 第 1 部分:宋体	2008	国家标准	国家标准委	
8	信息技术 中文编码字符集 汉字 24 点阵字型 第 1 部分:宋体	2008	国家标准	国家标准委	
9	信息技术 汉字编码字符集 24 点阵字型	2008	国家标准	国家标准委	包含《信息技术 汉字编码字符集(基本集)24 点阵字型》和《信息技术 汉字编码字符集(辅助集)24 点阵字型 宋体》

(续表)

序号	名称	初次发布年份	发布形式	发布单位	备注
10	信息技术 汉字编码字符集（基本集）32点阵字型	2008	国家标准	国家标准委	包含《第1部分：宋体》《第2部分：黑体》《第3部分：楷体》《第4部分：仿宋体》
11	信息技术 汉字字型要求和检测方法	2009	国家标准	国家标准委	
12	信息技术 通用多八位编码字符集（CJK统一汉字）24点阵字型 第1部分：宋体	2010	国家标准	国家标准委	
13	信息技术 通用多八位编码字符集（CJK统一汉字）48点阵字型 第1部分：宋体	2010	国家标准	国家标准委	
14	信息技术 通用多八位编码字符集（CJK统一汉字）15×16点阵字型	2010	国家标准	国家标准委	
15	信息技术 通用多八位编码字符集（基本多文种平面）汉字32点阵字型	2010	国家标准	国家标准委	包含《第1部分：宋体》和《第2部分：黑体》
16	信息技术 汉字编码字符集（基本集）15×16点阵字型	2010	国家标准	国家标准委	
17	信息技术 通用多八位编码字符集（基本多文种平面）汉字16点阵字型	2005	国家标准	国家标准委	
18	信息技术 通用多八位编码字符集（基本多文种平面）汉字17×18点阵字型	2014	国家标准	国家标准委	
19	信息技术 通用多八位编码字符集（基本多文种平面）汉字22点阵字型	2014	国家标准	国家标准委	包含《第1部分：宋体》和《第2部分：黑体》
20	信息技术 通用多八位编码字符集（基本多文种平面）汉字28点阵字型	2016	国家标准	国家标准委	包含《第1部分：宋体》和《第2部分：黑体》

(续表)

序号	名称	初次发布年份	发布形式	发布单位	备注
21	信息技术 汉字编码字符集（基本集）12点阵字型	2001	行业标准	信息产业部	
22	信息技术 汉字编码字符集（基本集）14点阵字型	2001	行业标准	信息产业部	
23	信息技术 通用多八位编码字符集（Ⅰ区）汉字64点阵字型	2001	行业标准	信息产业部	包含《第1部分:宋体》《第2部分:黑体》《第3部分:楷体》《第4部分:仿宋体》
24	信息技术 通用多八位编码字符集（基本多文种平面）汉字12点阵字型	2003	行业标准	信息产业部	
25	信息技术 通用多八位编码字符集（基本多文种平面）汉字14点阵字型	2003	行业标准	信息产业部	
26	信息技术 通用多八位编码字符集（基本多文种平面）汉字20点阵字型	2003	行业标准	信息产业部	
27	信息技术 通用多八位编码字符集（基本多文种平面）汉字12点阵压缩字型	2005	行业标准	信息产业部	
28	信息技术 通用多八位编码字符集（基本多文种平面）汉字14点阵压缩字型	2005	行业标准	信息产业部	
29	信息技术 通用多八位编码字符集（基本多文种平面）汉字16点阵压缩字型	2005	行业标准	信息产业部	

  字型标准所对应的中文编码字符集决定了其涵盖的字形范围。现行国家规范标准已对汉字编码字符集（GB 2312与GB 18030）、CJK汉字编码字符集、通用多八位编码字符集（多文种平面）所包含汉字制定了多字体、多尺寸的标准字形。同时,我国在多个尺寸上对与Unicode兼容的通用多八位编码字符集中的宋体和黑体进行了字形规范,在最高频使用的汉字编码字符集基本集（GB 2312）上实现了宋体、仿宋体、楷体、黑体四种基本印刷字体标准化。国家标准适用范围的分布如表2.2.3所示。

表 2.2.3　中文字型国家标准分布

对应字符集	字体	点阵规格	标准数量
汉字编码字符集（基本集）GB 2312	宋体、仿宋体、楷体、黑体	15×16、24×24、32×32、48×48、64×64	5
汉字编码字符集（辅助集）	宋体	24×24	1
通用多八位编码字符集（基本多文种平面）	宋体、黑体	16×16、17×18、22×22、24×24、28×28、32×32、48×48	7
通用多八位编码字符集（CJK统一汉字）	宋体	15×16、24×24、48×48	3
中文编码字符集 GB 18030	宋体	15×16、24×24、48×48	3

三、语言信息处理技术规范标准

在语言信息处理诸多技术中，基础、成熟的技术，规范标准文件较多较全；越前沿、发展越快的技术，规范标准的制定更为柔性，更面向技术评测。

（一）词处理技术规范标准

词处理是字处理之外最基础的语言处理任务。目前，我国有 3 项面向词处理的关键技术——中文分词与词类标记的国家标准，如表 2.2.4 所示。它们对包括语音识别、机器翻译和语料库系统建设在内的诸多语言信息化工作起到了基础性的指导作用。

表 2.2.4　词处理技术规范标准

序号	名称	发布形式	初次发布年份	发布单位
1	信息处理用现代汉语分词规范	国家标准	1992	国家技术监督局
2	汉字键盘输入用通用词语集	国家标准	1995	国家技术监督局
3	信息处理用现代汉语词类标记规范	国家标准	2006	国家标准委

（二）语音技术规范标准

语音识别与语音合成是语言信息化的重要技术方向，现行 2 部国家标准对其用途、性能及测试进行了规范，如表 2.2.5 所示。

表 2.2.5 语音技术规范标准

序号	名称	发布形式	初次发布年份	发布单位
1	中文语音识别系统通用技术规范	国家标准	2007	国家标准委
2	中文语音合成系统通用技术规范	国家标准	2007	国家标准委

（三）面向技术评测的规范标准

对于迅速发展的前沿技术方向，定期公开进行的评测活动是技术研发的重要驱动力量，因而面向前沿技术和评测活动进行的规范标准建设具有重要意义。近年来，我国制定了 8 部面向技术评测的规范标准，如表 2.2.6 所示。

表 2.2.6 面向技术评测的规范标准

序号	名称	发布方式	初次发布年份	发布单位
1	印刷体汉字识别系统要求与测试方法	国家标准	2010	国家标准委
2	联机手写汉字识别系统技术要求与测试规程	国家标准	2010	国家标准委
3	识字教学用通用键盘汉字字形输入系统评测规则	语委规范	2013	教育部、国家语委
4	文语转换与语音识别系统语言文字评测规范（草案）	绿皮书	2009	国家语委
5	机器翻译系统语言文字评测规范（草案）	绿皮书	2009	国家语委
6	语料库系统语言文字评测规范（草案）	绿皮书	2009	国家语委
7	现代汉语语料库元数据规范（草案）	绿皮书	2009	国家语委
8	基于概念层次的语句概念结构语料库标注规范（草案）	绿皮书	2009	国家语委

（四）键盘输入、手持设备、用户界面等领域语言信息标准

面向语音识别、键盘输入、手持设备、信息系统用户界面中存在的语言信息问题，我国也制定了相应国家标准与行业标准进行规范和指导。见表 2.2.7。

表 2.2.7 键盘输入、手持设备、用户界面等领域语言信息标准

序号	名称	发布方式	初次发布年份	发布单位
1	信息技术 数字键盘汉字输入通用要求	国家标准	2000	国家技术监督局

（续表）

序号	名称	发布方式	初次发布年份	发布单位
2	信息技术 通用键盘汉字输入通用要求	国家标准	2003	国家标准委
3	信息技术 手持式信息处理设备通用规范	国家标准	2012	国家标准委
4	手持式个人信息处理设备中文应用程序接口规范	行业标准	2001	信息产业部
5	中文办公软件用户界面要求	行业标准	2007	信息产业部
6	汉语拼音方案的通用键盘表示规范	语委规范	2001	教育部、国家语委

第三节　语言资源及信息化平台

语言资源及信息化平台建设是语言文字信息化工作的基础工作和重要任务，包括语言文字基础数据库建设，面向社会语言教育和使用需求的网络服务平台建设等。

一、语言文字基础数据库

语言文字基础数据库是语言研究、语言信息处理研究以及语言监测的基础资源，包括语料库和语言知识库。近 20 年来，各级各类科研项目大力推动和资助各类语言文字基础数据库的建设，我国出现了一大批规模不等、各具特色的语言文字基础数据库。

（一）典型语料库和语言知识库

1. 国家语言监测语料库

国家语言监测语料库由国家语言资源监测与研究中心建设。语言监测对象涵盖了代表社会语感的大众媒体和对语言发展影响最大的基础教育，既包括国家通用语，也包括少数民族语言。

语言监测工作主要是在国家语言监测语料库上展开。语料库的架构如图 2.3.1 所示。

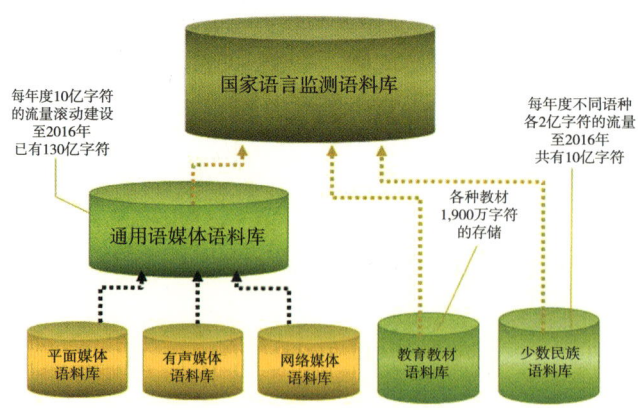

图 2.3.1　国家语言监测语料库

国家语言监测语料库的各子库情况如表 2.3.1 所示。

表 2.3.1　国家语言监测语料库子库

语料库子库	语种或领域	规模或增量
通用语媒体语料库	平面媒体、有声媒体、网络媒体	增长规模约 10 亿字符/年
教育教材语料库	基础教育教材	规模约 1,900 万字符
少数民族语言语料库	藏语、维吾尔语、哈萨克语、柯尔克孜语、蒙古语、朝鲜语等	增长规模约 2 亿字符/年

利用国家语言监测语料库，国家语言资源监测与研究中心开展了大量大规模语言文字应用调查，积累了大量基础数据，为全社会范围内的字词使用规律、新词语追踪、基础教育教材编写修订等重大课题提供了基础数据支撑。每年在该语料库基础上发布的媒体"十大流行语""十大新词语""十大网络用语"和网民投票选出的"年度字词"已经成为具有国际影响力的文化品牌。

2. 国家语委现代汉语平衡语料库

国家语委现代汉语平衡语料库名为"国家语委语料库在线"，由教育部语言文字应用研究所建设维护，是国家层面的大规模平衡语料库。该语料库面向大众免费在线开放，用户已达到千万量级。

该语料库 1991 年开始建设，选材类别广泛，时间跨度大，采样时间跨度从 1919 年至 2002 年，样本分布包括教材、自然科学和人文社科文献、文学作品、报刊、应用文等。该语料库是我国目前时间跨度最长、语料样本分布最均衡的语料库之一。在线提供检索的语料经过分词和词性标注，可以进行按词检索和分词性检索。

3. 北京大学综合型语言知识库

该知识库由北京大学计算语言学研究所建设，是我国目前重要的综合型语言知识库，包括 6 个语言知识库、10 项规范与标准、4 个核心基础软件和 4 个应用系统。其中，语言知识库是主体，包括：现代汉语语法信息词典、汉语短语结构规则库、现代汉语多级加工语料库、多语言概念词典、平行语料库、多领域术语库。

自 1996 年投入应用起，该知识库为机器翻译、智能搜索、信息提取、人机会话等各方面应用提供规范化的语言知识和核心软件。该知识库获得 2011 年国家科学技术进步奖二等奖、2010 年中国电子学会电子信息科学技术奖一等奖、

2007年教育部科技进步奖一等奖等多种奖项。

（二）影响较大的语料库和语言知识库例举

具体见表2.3.2。

表 2.3.2 影响较大的语料库和语言知识库例举

序号	名称	建设者	资源类型
1	北大中国语言学研究中心语料库 CCL	北京大学	语料库
2	北语汉语语料库 BCC	北京语言大学	语料库
3	HSK 动态中介语作文语料库	北京语言大学	语料库
4	动态流通语料库 DCC	北京语言大学	语料库
5	中文依存树库	哈尔滨工业大学	语料库
6	中英双向平行语料库 GPEC	北京外国语大学	语料库
7	中国英语学习者平行语料库 PACCEL	北京外国语大学	语料库
8	短语结构树库	清华大学	语料库
9	媒体语言语料库	中国传媒大学	语料库
10	维吾尔文文本库	中国科学院软件研究所	语料库
11	维吾尔-汉、蒙古-汉、藏-汉平行语料库	中国科学院计算技术研究所	语料库
12	英语学习者口语语料库	上海交通大学	语料库
13	历史文献语料库	浙江师范大学	语料库
14	汉语教材语料库	中山大学	语料库
15	知网 HowNet	董振东、董强团队	知识库
16	同义词词林扩展版	哈尔滨工业大学	知识库
17	汉语框架语义网络	山西大学	知识库
18	情感词汇本体库	大连理工大学	知识库
19	概念层次网络 HNC	中国科学院声学研究所	知识库
20	现代汉语虚词用法知识库 CFLN	郑州大学	知识库

二、全球中文学习网络平台

全球中文学习网络平台是国家语委主导建设,利用云计算、大数据、人工智能、移动互联网等技术,面向全体国民及海外中文学习者,提供中文智能学习服务的网络平台。平台建设于2015年正式立项，2016年全面启动。

全球中文学习网络平台将以提高全民语言文字应用能力和促进汉语国际传播为目标，以普通话语音学习和规范汉字学习为核心，以国学经典诵读等中华传统文化学习为亮点，面向全球用户开展大规模在线自主学习。

平台将根据汉语汉字学习的特点，覆盖语言学习的"听、说、读、写"四大技能，以满足用户的学习、工作、培训、考试等需求。平台深度融合语音合成、口语评测、自然语言处理、云计算等人工智能与互联网技术，为用户提供良好的用户体验并给予学习者互动、反馈和指导。用户可以通过PC、手机等多种终端访问系统，进行在线汉语汉字综合学习。平台具体功能如图2.3.2。

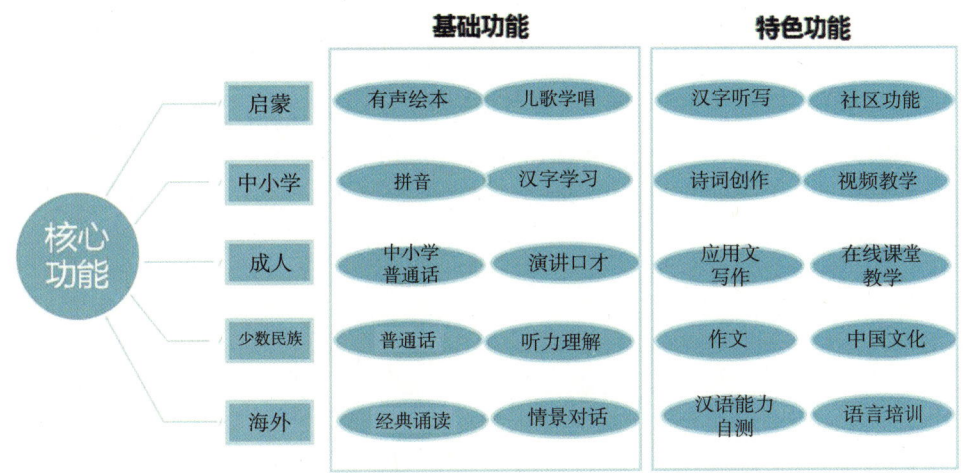

图2.3.2　全球中文学习网络平台总体功能架构

第四节 少数民族语言文字规范化标准化信息化

新中国成立以来,我国始终高度重视少数民族语言文字的规范化标准化信息化建设,取得了很大成绩。

一、少数民族语言文字规范标准

我国55个少数民族中,有22个民族有自己的文字。由于有的民族使用一种以上的文字,因此22个民族共使用了28种文字。对有文字的少数民族来说,语言文字规范标准建设是一项重要任务。新中国成立以来,少数民族语言文字规范标准建设取得了长足发展。

(一)名词术语规范

多数有文字的少数民族都以各种形式审定和发布过本族语的名词术语,其中蒙古语还发布了术语工作的国家标准《蒙古语术语工作原则与方法》。

(二)少数民族语译写、转写规范标准

包括12项少数民族人名、地名汉字译写的地方标准和行业标准,以及1项藏文拉丁字母转写的绿皮书软性规范。见表2.4.1。

表2.4.1 少数民族语译写、转写规范标准

序号	名称	发布形式
1	少数民族语地名汉字译写规则 维吾尔语	新疆地方标准
2	维吾尔人名汉字音译转写规则	新疆地方标准
3	蒙古语地名译音规则	测绘行业标准
4	藏语(德格话)地名汉字译音规则	测绘行业标准
5	藏语(拉萨语)地名译音规则	测绘行业标准
6	藏语(安多语)地名译音规则	测绘行业标准
7	德宏傣语地名汉字译音规则	测绘行业标准

(续表)

序号	名称	发布形式
8	西双版纳傣语地名汉字译音规则	测绘行业标准
9	哈萨克语地名译音规则	测绘行业标准
10	柯尔克孜语地名汉字译音规则	测绘行业标准
11	黎语地名汉字译音规则	测绘行业标准
12	凉山彝语地名汉字译音规则	测绘行业标准
13	藏文拉丁字母转写方案（草案）	绿皮书

（三）少数民族语言文字信息化规范标准

目前，我国多种少数民族文字已经进入国际标准 ISO/IEC 10646《信息技术 通用多八位编码字符集》，包括藏文、蒙古文（含传统蒙古文、满文、锡伯文、托忒文和阿礼嘎礼字）、维吾尔文、哈萨克文、柯尔克孜文、西双版纳新老傣文、德宏傣文、规范彝文、朝鲜文、傈僳文、滇东北苗文等少数民族现行文字，以及八思巴文、古代维吾尔文（老突厥文）、西夏文等少数民族古代文字。信息技术领域的少数民族语言文字国家标准、地方标准和绿皮书软性规范总数多达 87 项。见表 2.4.2。

表 2.4.2　少数民族语言文字信息化规范标准数量统计

标准类别	蒙古文（含八思巴文）	锡伯文满文	藏文	维吾尔文哈萨克文柯尔克孜文	彝文	傣文	朝鲜文	合计
编码及其实现	5	0	4	8	1	0	1	19
字　型	9	9	13	9	2	2	0	44
语言信息处理技术	5	0	5	13	0	3	0	26
合计	19	9	22	30	3	5	1	89[①]

2016 年，少数民族语言文字信息化规范标准新发布 2 项，完成意见征求 5 项，完成报批 3 项。见表 2.4.3。

---

① GB/T 29270《信息技术 编码字符集测试规范》包含《第 1 部分：蒙古文》《第 2 部分：藏文》和《第 3 部分：维吾尔文、哈萨克文、柯尔克孜文》。本表分文种统计时，这三个部分标准是分开计入的，但实际上三者是同一项标准，标准总数仍为 87 项。

表 2.4.3　2016 年少数民族语言文字信息化规范标准制修订工作

序号	名称	状态
1	信息技术 传统蒙古文单词词形规范 基本集	发布
2	信息技术 通用多八位编码字符集 西双版纳老傣文通用键盘字母数字区布局	
3	信息处理用藏文分词规范	完成意见征求
4	信息处理用藏文文献文本信息标记规范	
5	信息处理用藏语词类标记集	
6	信息处理用藏语短语分类与标记规范	
7	信息技术 藏文字符排序规范	
8	信息技术 朝鲜文通用键盘字母数字区的布局	完成报批
9	信息技术 基于数字键盘的朝鲜文字母布局	
10	信息技术 基于数字键盘的锡伯文字母布局	

二、少数民族语言文字信息处理技术

在前述信息技术标准的基础上,我国少数民族语言信息处理取得了长足发展,几乎覆盖自然语言处理的所有领域。例举如下。

(一)基础资源建设

近几年来,少数民族语言文字资源库建设工作取得了很大发展。主要标志性成果有:大规模藏语分词、词性标注语料库,汉蒙、蒙汉双语语料库,维哈柯文软件构件库、文本处理工具库以及语言资源库,维吾尔文语料库,大规模的维汉、蒙汉、藏汉平行语料库和翻译词典,哈萨克语文本语料库和短语库,蒙古语文献库,等等。

(二)词法与句法分析

我国少数民族语言分别属于汉藏语系、阿尔泰语系、南亚语系、南岛语系、印欧语系等不同语系。由于语言类型的不同,少数民族语言的构词构形各有特点,因此各个语言的词法分析在理论和技术层面都有所不同。在少数民族语言词法分析方面的主要成果有:藏文自动分词和标注系统,蒙古文自动分词和标注系统,维哈柯文自动分词和标注系统,基于语料库的哈文词信息分析与统计技术,等等。

(三) 语义分析

近年来,少数民族语言信息处理在语义知识库的建立和语义分析方面有了一定的发展。主要成果有蒙古语语义信息词典、蒙古语词汇语义网、蒙古语熟语知识库及其学习平台等。

(四) 机器翻译

我国少数民族语言机器翻译经历了基于规则的机器翻译、基于统计的机器翻译、基于系统融合的机器翻译,目前已经涉足基于深度学习的机器翻译。其中维汉、蒙汉和藏汉统计机器翻译系统,在美国国家标准与技术研究院(NIST)举办的国际权威机器翻译评测和国际口语机器翻译评测比赛(IWSLT)中多次取得优异成绩。

(五) 文字处理与办公套件

由于少数民族语言文字的特殊性,其文字处理和办公套件还需要不断地开发和升级,包括开源系统的研发、输入法的改进、编码转换的实现等很多工作。近年来各机构开发的较有代表性的软件有10多套。

第三章 语言服务能力建设

全面推动语言文字事业服务国家发展需求,是"十三五"时期语言文字事业的发展主题。[①] 2016年,国家语言文字事业聚焦国家战略、社会发展、民生进步中的语言需求,科学规划,提前介入,积极落实"一带一路"语言服务,切实加强语言学术服务,扎实推进手语盲文服务和外语服务,支持发展社会语言服务,围绕"服务"主题,推动事业不断创新发展。

第一节 "一带一路"语言服务

"一带一路"建设是我国的重大国家战略。建设"一带一路",需要语言铺路。主动服务"一带一路"建设的语言需求,是当前语言文字事业的重要使命,是语言文字事业服务国家发展需求的生动体现。

一、"一带一路"语言研究

(一) 规划与课题

2015年,国家语委制定推出了《推进"一带一路"建设语言规划研究行动方案》,全面推进服务于"一带一路"建设的语言研究;2016年,国家语委科研规划课题设立"'一带一路'语言文字专项",共6个课题获批立项。同时,国家社科基金、全国教科规划2016年度批准5项同类课题。具体见表3.1.1。

---

① 杜占元.开创语言文字事业新局面[N].光明日报,2017/2/12.

第三章 语言服务能力建设

表 3.1.1　2016 年"一带一路"语言文字专项课题

序号	项目名称	立项规划或基金
1	"一带一路"背景下国家非通用语人才培养战略研究	国家语委科研规划专项
2	"一带一路"背景下新疆语言生态及语言规划研究	国家语委科研规划专项
3	基于"一带一路"沿线核心区域语言与身份认同关系的语言战略研究	国家语委科研规划专项
4	《"一带一路"国家语言状况与语言政策》系列丛书	国家语委科研规划专项
5	"一带一路"核心区语言战略研究(以福建为例)	国家语委科研规划专项
6	"一带一路"国家语言政策与规划框架性研究	国家语委科研规划专项
7	"一带一路"战略下少数民族活态史诗域外传播与翻译转换研究	国家社会基金
8	"一带一路"沿线中东主要国家语言政策与规划研究	国家社科基金
9	"一带一路"建设中的"语言消费"新问题及其对策研究	国家社科基金
10	"一带一路"语言景观汉俄比译模式化研究	国家社科基金
11	"一带一路"战略背景下"阿拉伯语+专业"复合型人才选拔直通培养模式研究	全国教科规划青年项目

(二)相关成果

在国家语委科研规划等的引导推动下,2015 年以来,"一带一路"语言文字问题成为国内语言学界的研究热点,出现了一大批研究成果。

聚焦"一带一路"语言研究的学术论文不断增长。据不完全统计,截至目前,公开发表的相关学术论文 90 多篇。研究内容涉及"一带一路"建设的语言需求及服务对策、语言使用情况调研、语言能力提升、话语构建、沿线国家语言政策研究、中国语言文化的国际传播等。《语言战略研究》《云南师范大学学报(哲学社会科学版)》《语言政策与规划研究》等学术期刊,《光明日报》等重要平面媒体,均开辟专栏探讨与"一带一路"相关的语言文字应用问题。

围绕"一带一路"语言研究的重要著作相继问世。如商务印书馆出版的《"一带一路"沿线国家语言国情手册》、社会科学文献出版社出版的《"一带一路"国家语言状况与语言政策》系列丛书、社会科学文献出版社出版的《语言服务与"一带一路"》等。此外,商务印书馆还出版了"一带一路"系列丛书,包括《"一带一路"战略研究》《世界是通的——"一带一路"的逻辑》《"一带一路"年度报告:从愿景到行动（2016）》《数说"一带一路"》《"一带一路"大数据报告（2016）》等共 10 种。其中《世界是通的——"一带一路"的逻辑》荣列国家新闻出版广电总局 2016 年度"大众喜爱的 50 种图书"和中央电视台 2016 年"中国好书"榜单。

与"一带一路"相关的语言工具书陆续出版。国家汉办 2008 年启动、商务印书馆出版的《汉语图解（小）词典》系列是面向全球汉语学习者的图示化学习型双语工具书。第一批（2008—2010 年）出版了 45 个语种的图书，包括英语、法语、俄语、德语、西班牙语、意大利语、阿拉伯语、日语、韩语、葡萄牙语、越南语、印度尼西亚语、马来语、土耳其语、波斯语、罗马尼亚语、乌克兰语、泰语、老挝语、缅甸语、柬埔寨语、斯瓦希里语、乌尔都语、印地语、瑞典语、丹麦语、荷兰语、捷克语、芬兰语、豪萨语、希伯来语、保加利亚语、塞尔维亚语、克罗地亚语、匈牙利语、斯洛伐克语、僧伽罗语、波兰语、阿尔巴尼亚语、挪威语、冰岛语、希腊语、菲律宾语、蒙古语、尼泊尔语。第二批（2016 年）出版了 19 个语种的图书，包括普什图语、达里语、阿塞拜疆语、格鲁吉亚语、哈萨克语、乌兹别克语、塔吉克语、吉尔吉斯语、亚美尼亚语、孟加拉语、泰米尔语、立陶宛语、爱沙尼亚语、白俄罗斯语、斯洛文尼亚语、黑山语、拉脱维亚语、马耳他语、波斯尼亚语。

与"一带一路"语言研究相关的学术会议相继举办。如教育部语言文字信息管理司召开的"'一带一路'战略背景下语言规划研究座谈会"，中国语情与社会发展研究中心和广西大学语委主办、国家语言资源监测研究教育教材中心和国家文化软实力协同创新中心协办的"服务'一带一路'战略的语言资源建设与开发利用学术研讨会"，宁夏大学举办的"'一带一路'战略与中国语言文化对阿传播高峰论坛"，教育部语言文字应用研究所和江苏师大语言能力协同创新中心主办的"'一带一路'语言能力建设研讨会暨中国语言智库高峰论坛"，国家语言资源监测与研究少数民族语言中心举办的"少数民族语言中心工作研讨会暨'一带一路'民族语言服务高层论坛"等。

与"一带一路"语言研究相关的学术组织相继成立。如由"'一带一路'百人论坛"与商务印书馆联合创办的"'一带一路'百人论坛研究院"于 2016 年 11 月 5 日正式成立。研究院的主要工作涉及图书出版、主办会议及推动国际交流，具体包括：出版每年一本的《"一带一路"年度报告》（中文）、双月一期的《汉语世界》（英文）"一带一路"专栏、不定期的《"一带一路"研究报告》（中英文）；每年 3 月召开年度报告会发布暨专家论坛，每年 8 月举办"'一带一路'百人论坛"年会；邀请外国相关机构和人员到中国访问，组织国内专家前往"一带一路"相关国家和国际组织调研、访问,等等。

二、"一带一路"语言服务技术与产品

我国在"一带一路"建设中高度重视语言服务类技术与产品的开发、推广和应用,近年来取得了一系列成果。

(一)数据资源类

社科文献出版社"一带一路"数据库、宁夏大学中阿交流数据库、中国社科院"一带一路"研究数据库等为"一带一路"研究与语言服务提供了知识支撑。全国翻译专业学位研究生教育指导委员会、中国对外翻译有限公司及全国20余所高校于2016年共同发起的语言大数据联盟,目前已拥有包括高校、企业在内的会员单位139家,将为"一带一路"语言服务提供广泛而扎实的数据支持。

(二)服务与产品类

中央民族大学、中国科学院和众多地方民族院校,面向部分"一带一路"沿线国家语言(尤其是跨境少数民族语言,如蒙古语、藏语等)开发的电子词典等技术产品,推出的机器翻译、跨语言检索等服务,已初具规模,并开始为国家安全、对外经贸等领域提供服务。

科大讯飞智能语音服务支持27个语种的语音识别与合成,并支持国家通用语到英语、俄语等"一带一路"语言的语音翻译。百度机器翻译目前覆盖24个外语语种,涵盖了35个"一带一路"沿线国家的15种官方语言。搜狗输入法海外版Typany目前包含97个语种,涵盖了"一带一路"沿线64个国家的50种官方语言。

第二节　语言学术服务

加强语言研究,为国家各项事业发展以及社会各领域语言生活提供语言学术服务,是当前语言文字事业的重要职责。2016年,国家语委聚焦国家战略需求,设立了一大批规划课题;同时,近年来陆续开展的国情调研项目和科研规划课题在2016年集中产出了一批重要成果。

一、语言国情调研

近年来,国家语委开展了一系列服务国家重大战略的语言国情调研,其中包括不同地区、不同领域的语言文字使用现状调研,中文在国际组织中的使用现状及影响力调查,海外华人的语言认同研究等。具体见表3.2.1。

表 3.2.1　近年来开展的语言国情调研项目

序号	调研项目	类别
1	延安时期的新闻语言规范化传播研究	语言文字工作历史研究
2	赣南原中央苏区语言文字工作调查与研究	
3	西柏坡时期语言文字工作调查与研究	
4	西藏边境口岸及地区社会用字现状调研	区域语言文字使用现状调研
5	新疆边境地区少数民族语地名译写现状与标准建设	
6	丝绸之路经济带(甘肃段)语言使用情况调查研究	
7	政府网站语言文字使用状况监测与研究	领域语言文字使用现状调研
8	重点报纸语言文字使用差错研究	
9	"一带一路"旅游系统语言文字使用情况调研	
10	我国文化场馆语言文字使用情况调查及对策研究	
11	提高中文在国际组织中影响力的对策研究	海外中文使用现状调研
12	海外华人国家通用语言文字认同及应用调研	

二、国家语委科研规划课题

(一) 2016年立项情况

经公开申报、专家评审,国家语委"十三五"科研规划2016年度课题共批准立项100项。

1. 立项课题研究内容

100项课题的研究内容涉及语言文字信息化、语言文字规范标准建设、"一带一路"语言战略、网络语言生活治理、语言文字能力建设、语言与教育、语言政策理论、语言国际传播等事业发展重点和语言生活中的热点难点问题,且覆盖面广、应用性强,都以问题研究为导向,契合了《国家语言文字事业"十三五"发展规划》的主要任务和重点工程。具体见表3.2.2。

表3.2.2 国家语委"十三五"科研规划2016年立项课题研究内容

序号	研究内容	立项数
1	语言文字信息化	23
2	语言文字规范标准建设	11
3	"一带一路"语言战略	8
4	网络语言生活治理	3
5	语言生活和国情调查	17
6	语言与教育	3
7	语言政策理论	6
8	语言国际传播等事业发展	6
9	其他	23
	合计	100

2. 立项课题类型

总计100项课题包括重大项目4项、重点项目32项、一般项目39项、委托项目15项、后期资助项目10项。其中,"委托项目"的设立旨在支持国家语委委员单位开展本行业系统的语言文字科研工作,以及相关高校和科研院所对事业发展急需的项目开展研究;"后期资助项目"的首次设立旨在进一步发挥语言文字科研在支撑语言文字事业发展、服务国家发展需求中的作用,促进成果的转化应用。具体见图 3.2.1。

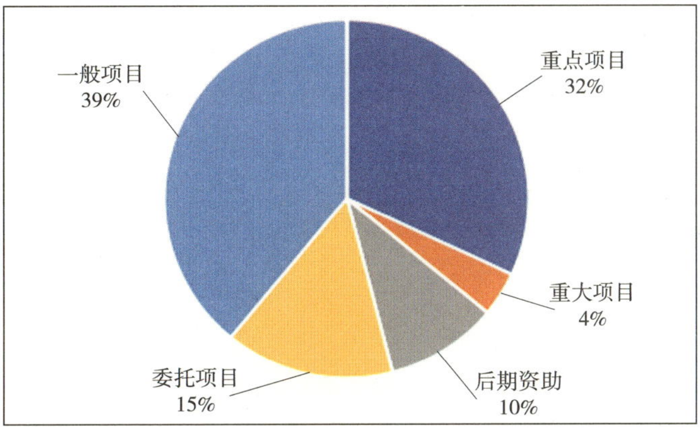

图 3.2.1 国家语委"十三五"科研规划 2016 年立项课题类型分布

(二) 2016 年结项情况

2016 年共有 11 项国家语委"十二五"科研规划的立项课题通过结项鉴定,其中重大项目 1 项、重点项目 1 项、一般项目 2 项、委托项目 3 项、自筹项目 4 项,具体见表 3.2.3。

表 3.2.3 2016 年结项的国家语委科研规划课题

序号	项目编号	项目名称
1	ZDA125-13	中小学语文教材语言文字规范标准符合性调查研究
2	ZDI125-40	国家语言文字舆情数据库
3	YB125-65	城镇化进程中北方地区蒙古族蒙汉双语教育研究
4	YB125-106	广西中小学教师使用普通话教学现状调研
5	WT125-29	面向语言监测的语音词汇监测技术研究
6	WT125-42	大学生网络语言生活方式调查与分析
7	WT125-47	汉语字母词监测研究
8	ZC125-47	语言文字工作区域管理信息化研究及平台构建——以广西为例
9	ZC125-52	多语地区语言资源库建设与语言资源管理——以辽宁省为例
10	ZC125-57	普通话测试中电子照片智能检测系统的研制
11	ZC125-68	后现代语境下的高校普通话口语课程与教学

(三) 2016 年后期资助项目

2016 年,国家语委推出了《国家语委语言文字科研项目优秀成果后期资助计划》。根据该计划的规定,经申报评审,"《基础教育学习性词表》的分级验证与推广""国家语言能力理论体系构建研究"等8个项目被批准立项。具体见表3.2.4。

表 3.2.4 2016年国家语委语言文字科研项目优秀成果后期资助项目

序号	项目名称
1	《基础教育学习性词表》的分级验证与推广
2	国家语言能力理论体系构建研究
3	语言、语言规划与经济发展:一个理论分析框架
4	《经典释文》的特殊读音与普通话语音规范研究
5	中外语言保护典型个案比较研究
6	汉语儿童词汇习得及应用研究
7	基于彝文古籍文献的贵州传统彝文字符整理及其输入法软件开发研究
8	民汉双语教育规划论

三、国家语委科研机构

国家语委科研机构是教育部语言文字信息管理司代表国家语委与有关高校、科研院所等共建,依托共建单位组织保障,整合共建单位学科优势、人才资源,在与国家语言文字事业发展密切相关的各方向上开展决策咨询研究的语言文字研究机构。截至2016年,教育部语言文字信息管理司与有关单位共建了19个国家语委科研机构,其中,科研中心16个,科研基地3个[①]。具体见表3.2.5。

表 3.2.5 国家语委科研机构一览(截至 2016 年)

序号	机构名称	简称	成立时间	依托单位
1	国家语言资源监测与研究平面媒体中心	平面媒体中心	2004	北京语言大学
2	国家语言资源监测与研究有声媒体中心	有声媒体中心	2005	中国传媒大学
3	国家语言资源监测与研究网络媒体中心	网络媒体中心	2005	华中师范大学
4	国家语言资源监测与研究教育教材中心	教育教材中心	2005	厦门大学
5	海外华语研究中心	海外华语中心	2005	暨南大学

---

① 与科研中心相比,科研基地的基础保障条件更加完善,实体化运作机制更加完备,科学研究、学科建设、人才培养、国际交流等职责任务更加全面。

(续表)

序号	机构名称	简称	成立时间	依托单位
6	中国文字整理与规范研究中心	文字整理中心	2005	北京师范大学
7	中国文字字体设计与研究中心	字体设计中心	2005	北京大学
8	汉语辞书研究中心	辞书研究中心	2007	鲁东大学
9	中国语言战略研究中心	语言战略中心	2007	南京大学
10	国家语言资源监测与研究少数民族语言中心	民族语言中心	2008	中央民族大学
11	中国外语战略研究中心（科研基地）	外语战略中心	2011	上海外国语大学
12	中国语言能力测试研究发展中心	测试研究中心	2012	天津市语言文字培训测试中心
13	中国语言文字规范标准研究中心（科研基地）	规范标准中心	2012	北京语言大学
14	国家语言文字政策研究中心	政策研究中心	2013	上海市教育科学研究院
15	中国语情与社会发展研究中心	语情研究中心	2014	武汉大学
16	国家语言能力发展研究中心	语言能力中心	2014	北京外国语大学
17	中国语言资源保护研究中心	语言保护中心	2015	北京语言大学
18	中国语言资源开发应用中心	资源开发中心	2015	商务印书馆
19	中国语言智能研究中心（科研基地）	语言智能中心	2016	首都师范大学

（一）体系布局

19个科研机构的研究方向主要包括"语言战略和语言政策与规划""语言文字信息处理""汉语汉字""语言资源""语言能力与语言教育"等，基本覆盖了语言文字事业发展各重要领域，初步形成了服务、支撑国家语言文字事业科学发展的科研机构体系。

——在"语言战略和语言政策与规划"方向上：语言战略中心聚焦本领域理论研究，在推动语言战略和语言政策与规划理论创新方面特色鲜明；外语战略中心是首个科研基地，聚焦国家外语政策和国外语言政策研究，跟踪监测国外语言舆情，并在多语种外语科研资源整合、语言政策与规划学科建设及人才培养方面优势明显；规范标准中心是第二个科研基地，在大力推进语言政策与规划理论建设和学科发展的同时，更加关注语言文字规范标准建设问题，直接服务于国家语委的语言文字规范标准制修订工作;政策研究中心侧重语言文字政策实践与方略研究,在语言文字依法管理、现代治理及智库建设研究方面特色鲜明,并承担了国家语委科研机构秘书处的日常工作;语情研究中心聚焦语言生活中的战略性问题、热点焦点问题,监测关于各类语言问题的舆情变化,及时提供咨政建议,形成了"目光敏锐、视角独特、反应迅速"的鲜明特点。

——在"语言文字信息处理"方向上:平面媒体中心、有声媒体中心、网络媒体中心、民族语言中心、语言智能中心都以计算语言学为核心优势领域,前四个中心侧重运用语言文字信息技术对相关领域的语言文字应用进行实时监测与分析研究,语言智能中心则侧重语言智能技术在语言教育与测评中的开发与应用。

——在"汉语汉字"方向上:教育教材中心聚焦教材中的汉语言文字规范问题,同时在两岸语言文字问题研究方面特色鲜明;海外华语中心聚焦全球华语的变化发展以及海外华侨的汉语教育问题;文字整理中心侧重汉字整理与规范研究;字体设计中心侧重设计、研发各种字体的汉字字库;辞书研究中心全面关注辞书研究及汉语言文字规范化问题。

——在"语言资源"方向上:语言保护中心聚焦语言保护的理论建设,并具体负责中国语言资源保护工程的组织实施;资源开发中心侧重语言资源的开发应用研究,并发挥共建单位是出版实体的优势,推动各类语言研究的成果转化。

——在"语言能力与语言教育"方向上:测试研究中心聚焦各类现代汉语能力水平测试工具的研发;语言能力中心侧重语言能力理论建设及多语种语言人才资源的监测与研究。

在聚焦各自核心优势领域的同时,相关机构还深入合作、协同创新。平面媒体中心、有声媒体中心、网络媒体中心、教育教材中心、民族语言中心、海外华语中心在语言资源监测与研究方面密切合作,自2005年以来连续十多年进行跟踪监测,成果丰硕、积累深厚;外语战略中心、政策研究中心、语情研究中心作为首批国家语言文字智库建设试点单位,在语言智库建设与研究方面合作互动、协同创新;规范标准中心的研究视野与"汉语汉字"方向上的各中心都有交集,更加侧重关于国家语言文字规范标准建设的决策咨询研究;资源开发中心致力于推动语言政策与规划理论在中国的发展并主办《语言战略研究》;语言能力中心在语言政策与规划学科建设及人才培养方面起步较早,在国别语言政策研究方面优势明显。

(二) 2016年建设发展状况

2016年,各国家语委科研机构在教育部语言文字信息管理司的领导下,根据共建协议的职责规定,聚焦各自核心优势领域,深入开展科研工作,切实加强基础建设,积极发挥咨政、辅政、启民、育人功能,努力打造智库型语言文字科研机构,取得了显著成绩,为推动国家语言文字事业科学发展做出了积极贡献。据国家语委科研机构秘书处[①]的统计:

——在科学研究方面:各机构2016年新获批科研课题78项,其中国家社科基金课题9项、国家自科基金课题2项、全国教育科学规划课题1项、国家语委科研规划课题34项、其他科研规划或委托课题等32项;完成并通过结项审定的科研课题共13项,其中国家社科基金课题2项、国家自科基金课题1项、全国教育科学规划课题1项、国家语委科研规划课题4项、其他课题5项。此外,2016年之前立项的在研课题共159项。

——在科研成果方面:各机构2016年共发表论文276篇,编著或修订著作45种,资源开发中心依托出版实体出版语言文字类著作25种,编发学术刊物77期。同时,共同打造国家语委科研机构标志性成果,《中国语言生活状况报告》(绿皮书)、《中国语言政策研究报告》(蓝皮书)、《世界语言生活报告》和《世界语言生活状况》(黄皮书)形成语言生活皮书系列。

——在咨政辅政方面:各科研机构2016年共完成语言文字咨政报告47件,相关部门采纳16件;外语战略中心、语情研究中心入围首批CTTI[②]智库;语情研究中心组编推出"语言智库论丛"并出版了第一部论文集《语言服务与"一带一路"》。规范标准中心、语情研究中心、教育教材中心、政策研究中心等多机构积极参与《国家语言文字事业"十三五"发展规划》和《国家语委"十三五"科研规划》的研制工作,为国家语委出台未来五年最重要的两份政策规划发挥了重要作用。语言保护中心在面广量大、任务艰巨的语保工程中发挥着全面统筹、组织实施的枢纽作用。

——在社会宣传与服务方面:各科研机构2016年共发表报纸文章18篇。规范标准中心、语言能力中心、语情研究中心等多机构为《光明日报》的《语言文字》专刊复刊提供学术支持,协力推动语言文字社会宣传。资源开发中心、平面

---

① 设在上海市教育科学研究院国家语言文字政策研究中心。
② 由南京大学中国智库研究与评价中心、光明日报智库研究与发布中心联合研发的"中国智库索引"。

媒体中心、有声媒体中心、网络媒体中心等联合人民网、央视新闻连续第11年举办"汉语盘点"活动。有声媒体中心继续发布年度"媒体关注度十大榜单"。有声媒体中心、语言能力中心、外语战略中心、语言保护中心、教育教材中心、资源开发中心等开通了7个语言文字类微信公众号。

具体见表3.2.6。

表3.2.6　2016年国家语委科研机构建设发展状况

序号	类别	各机构合计
1	获批立项的课题	78项
2	2016年以前立项的在研课题	159项
3	完成并通过结项审定的课题	13项
4	发表期刊或论文集论文	276篇
5	编著或修订著作	45种
6	依托出版实体出版著作	25种
7	编发学术刊物	77期
8	提交咨政报告	47件
9	被相关部门采纳的咨政报告	16件
10	发表报纸文章	18篇
11	开通微信公众号	7个

四、语言文字专家队伍

(一) 国家语委科研工作专家库

建设国家语委科研工作专家库是国家语委为汇集语言文字科研力量,发挥专家学者作用,打造研究领域全面、年龄结构合理的专家队伍的重要举措。专家库2012年8月正式启用,之后不断扩充调整。截至2016年,在库专家总计886人。

1. 年龄结构

以40—60岁中青年学者为主,达到600人,占68%。具体见图3.2.2。

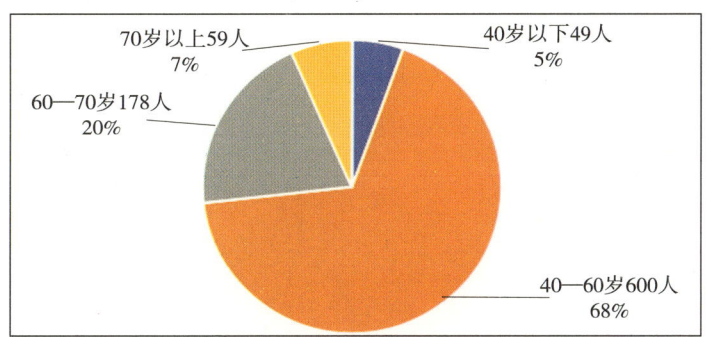

图 3.2.2　国家语委科研工作专家库年龄结构分布

2. 学历学位

以具有博士学位的学者为主,达到 505 人,占 57%。具体见图 3.2.3。

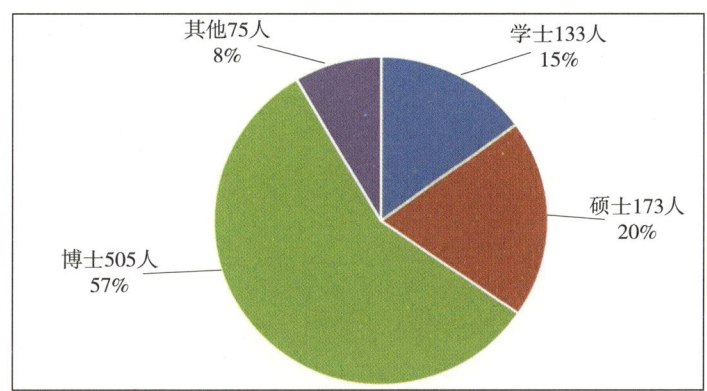

图 3.2.3　国家语委科研工作专家库学历学位分布

3. 专业技术职称

绝大多数拥有正高级专业技术职称,达到 651 人,占 74%。具体见图 3.2.4。

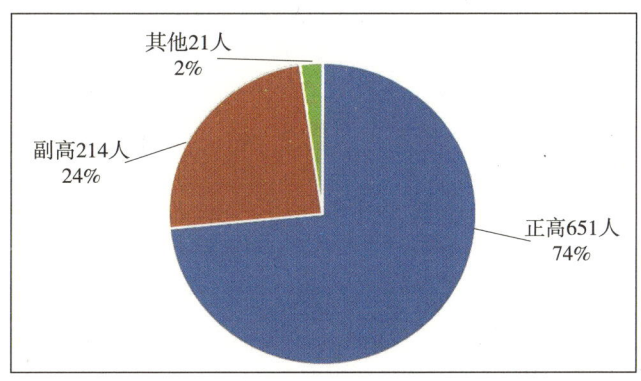

图 3.2.4　国家语委科研工作专家库专业技术职称分布

4. 海外留学（工作）经历

超过五分之一的专家具有海外留学（工作）经历，达到 202 人，占 23%。具体见图 3.2.5。

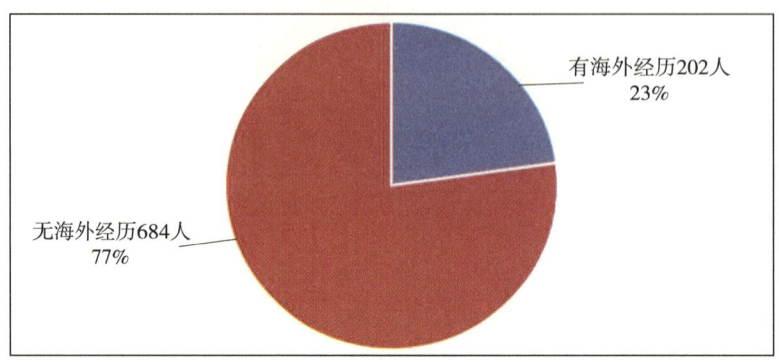

图 3.2.5　国家语委科研工作专家库海外留学（工作）经历情况分布

（二）语言文字中青年学者队伍建设

为加强语言文字中青年学者队伍建设，国家语委从 2014 年起举办语言文字应用研究优秀中青年学者研修班，至 2016 年已连续举办三期。研修班通过专题培训、科研资助等方式，使语言文字应用研究中青年学者深入了解国家语言文字事业的发展状况和社会语言生活状况，提高学者们对语言文字事业科学发展重要性的认识，提高其在语言政策研究、规范标准研制和社会语言生活咨询服务方面的能力，培育和壮大语言文字应用和政策研究专家队伍，保障语言文字事业的科学发展。三期共有 100 多名学员接受培训，立项课题数十项，投入相关经费数百万元。

第三节　手语和盲文服务

我国目前有 1,700 多万听障人口、2,000 多万视障人口，满足他们的特殊语言需求，保障他们的语言权益是国家语言文字事业和残疾人事业的重要职责。

一、手语和盲文规范化建设

为使听障和视障人群实现无障碍的语言文字交流，党和国家高度重视并大力推进手语和盲文的规范化建设，制定颁布了一系列政策文件和规范标准。

（一）专门针对手语和盲文规范化建设的政策文件

新中国成立以来，党和国家专门针对手语和盲文规范化建设下发的政策文件共 12 项，具体见表 3.3.1。

表 3.3.1　专门针对手语和盲文规范化建设下发的政策文件

序号	文件名称	发布时间	发布单位
1	关于试行聋人汉语手指字母方案的联合通知	1959	内务部、教育部
2	关于各类盲人教育使用盲字的通知	1959	教育部
3	关于试行规范化的"聋人手语"的联合通知	1959	教育部、内务部
4	关于修订聋哑人通用手语工作方案的通知	1960	内务部、教育部、文改会
5	关于公布"汉语手指字母方案"的联合通知	1963	内务部、教育部、文改会
6	关于进一步试行和推广聋哑人通用手语的联合通知	1979	民政部、教育部、文改会
7	关于在全国推广应用《中国手语》的通知	1991	民政部、国家教委、国家语委、中国残联
8	关于在全国试行推广《汉语双拼盲文方案》的通知	1995	国家教委、民政部、国家语委、新闻出版署、中国残联
9	关于暂缓在盲校中推行汉语双拼盲文的通知	1999	中国残联、教育部、国家语委

(续表)

序号	文件名称	发布时间	发布单位
10	中国盲文(GB/T 15720-2008)	2008	国家标准委
11	中国手语基本手势(GB/T 24435-2009)	2009	国家标准委
12	国家手语和盲文规范化行动计划(2015—2020年)	2015	中国残联、教育部、国家语委、国家新闻出版广电总局

此外,《国家通用手语方案(试行)》和《国家通用盲文方案(试行)》试点工作目前正在全国范围开展。

(二) 包含手语和盲文规范化建设内容的政策文件

促进手语和盲文规范化建设始终是国家残疾人事业、教育事业和语言文字事业等的重要任务。相关事业发展的法律法规、政策文件中包含手语和盲文规范化建设的要求和内容,共 34 项,具体见表 3.3.2。

表 3.3.2　包含手语和盲文规范化建设内容的政策文件

序号	文件名称	发布时间	发布单位
1	关于征求对聋哑学校教学计划意见的通知	1984	国家教委
2	关于征求对全日制盲校教学计划意见的函	1984	国家教委
3	中国残疾人事业五年工作纲要(1988 年—1992 年)	1988	国务院
4	中华人民共和国残疾人保障法	1990	全国人大常委会
5	中国残疾人事业"八五"计划纲要(1991 年—1995 年)	1991	国务院
6	关于印发《全日制聋校课程计划》(试行)和《全日制盲校课程计划》(试行)的通知	1993	国家教委
7	残疾人教育条例	1994	国务院
8	中国残疾人事业"九五"计划纲要(1996 年—2000 年)	1996	国务院
9	中国残疾人事业"九五"计划纲要配套实施方案	1996	中国残联
10	特殊教育学校暂行规定	1998	教育部
11	中国残疾人事业"十五"计划纲要(2001 年—2005 年)	2001	国务院
12	残疾人事业宣传文化工作"十五"实施方案	2001	中国残联

(续表)

序号	文件名称	发布时间	发布单位
13	中国残疾人事业"十一五"发展纲要（2006年—2010年）	2006	国务院
14	残疾人教育工作"十一五"实施方案	2006	中国残联
15	残疾人事业宣传文化工作"十一五"实施方案	2006	中国残联
16	无障碍建设"十一五"实施方案	2006	中国残联
17	聋校义务教育课程设置实验方案	2007	教育部
18	中共中央、国务院关于促进残疾人事业发展的意见	2008	国务院
19	关于进一步加快特殊教育事业发展的意见	2009	教育部、中国残联等7部门
20	关于加快推进残疾人社会保障体系和服务体系建设的指导意见	2010	中国残联、教育部等15部门
21	中国残疾人事业"十二五"发展纲要	2011	国务院
22	残疾人教育工作"十二五"实施方案	2011	中国残联
23	残疾人事业宣传文化工作"十二五"实施方案	2011	中国残联
24	无障碍建设"十二五"实施方案	2011	中国残联
25	国家教育事业发展第十二个五年规划	2012	教育部
26	无障碍环境建设条例	2012	国务院
27	国家中长期语言文字事业改革和发展规划纲要（2012—2020年）	2012	教育部、国家语委
28	关于加快构建现代公共文化服务体系的意见	2015	中共中央办公厅、国务院办公厅
29	关于加快推进残疾人小康进程的意见	2015	国务院
30	特殊教育教师专业标准（试行）	2015	教育部
31	"十三五"加快残疾人小康进程规划纲要	2016	国务院
32	国家语言文字事业"十三五"发展规划	2016	教育部、国家语委
33	残疾人文化体育工作"十三五"实施方案	2016	中国残联、文化部等5部门
34	无障碍环境建设"十三五"实施方案	2016	中国残联、教育部等13部门

二、听障和视障人士语言权益保障

为保障听障和视障人士的语言权益，党和国家高度重视并积极推进手语和盲文的社会服务。全国两会等重大活动实施手语同步翻译。据《2016年中国残疾人事业发展统计报告》，截至2016年，我国省级电视设有手语栏目29个，地市级电视设有手语栏目240个，省地县三级公共图书馆共设立盲文及盲文有声读物阅览室850个。

另据《中国教育年鉴（2015）》，目前，我国共有特殊教育学校2,000所，特殊学校共有教职工5.73万人，其中专任教师4.81万人。特殊教育学校共有在校生39.49万人，其中视力残疾学生3.41万人、听力残疾学生8.85万人、智力残疾学生20.57万人、其他残疾学生6.67万人。普通小学、初中随班就读和附设特教班招收的学生3.8万人，在校生20.91万人，分别占特殊教育招生总数和在校生总数的53.78%和52.94%。

三、听障和视障人士普通话培训测试

（一）听障人士替代性普通话水平测试

2015年，国家启动听障人士普通话水平测试工作，并在江苏进行了试点。2016年，国家语委设在南京特殊教育职业技术学院的中国盲文手语推广服务中心先后于4月和11月组织了2次培训测试。测试总人数105人。其中96人为江苏省各特殊教育学校聋人从教人员，8人为在校聋人大学生，1人为北京第三聋校聋人教师。经测试，75人达到教师资格认定应具备的普通话水平等级，并获得了相应的普通话水平等级证书。

（二）视障人士普通话水平测试

2013年，国家启动视障人士普通话水平测试工作。截至2016年，视障人士普通话测试总人数855人，发放证书（含盲文证书）823本。2016年11月，视障人士普通话水平测试机测版开启使用。部分省（区、市）视障人士普通话水平测试情况见表3.3.3。

表 3.3.3　部分省(区、市)视障人士普通话水平测试情况

序号	省(区、市)	人数
1	北京	46
2	天津	16
3	吉林	24
4	黑龙江	24
5	上海	28
6	江苏	135
7	浙江	51
8	安徽	50
9	福建	61
10	江西	51
11	山东	61
12	湖北	55
13	湖南	29
14	广东	56
15	重庆	41
16	四川	23
17	贵州	43
18	云南	37
19	新疆	24
	合计	855

第四节 外语服务和语言服务业

加强和改进外语服务,支持引导语言服务业发展,是我国促进对外开放、提升国际形象,满足多样化社会语言需求、建设和谐语言生活的迫切要求,是新时期国家语言文字事业的重要任务。

一、多语种外语人才培养

培养和储备多语种外语人才,对建设"一带一路"、提高国家外语能力、扩大与世界各国的经济人文交流以及维护国家安全,具有重要的战略意义。

(一)我国高校多语种外语专业开设情况

新中国成立以来,我国高校外语语种专业的开设数量不断增长,如图3.4.1。

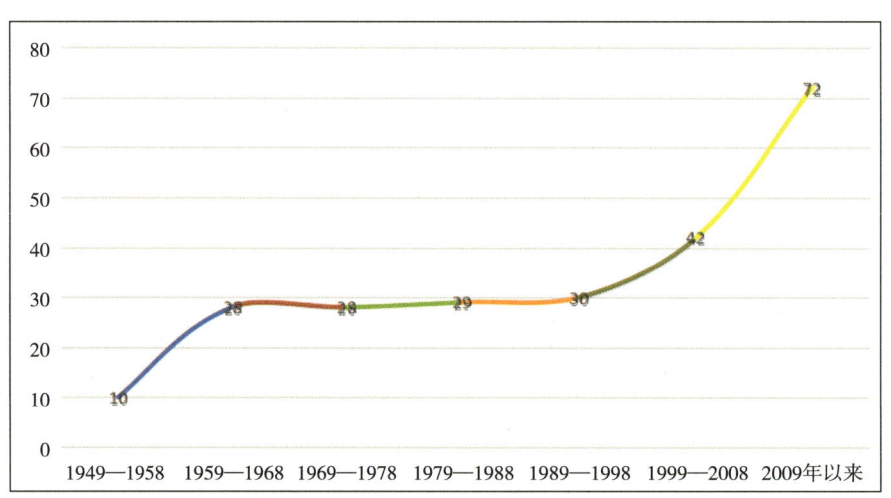

图 3.4.1　新中国成立以来我国高校外语语种专业开设数
增长趋势(以北京外国语大学为例)

据国家语言能力发展研究中心①的统计,截至 2016 年,我国高等院校共开设有 72 个外语专业,其中非通用语种专业 65 个,覆盖了欧盟国家 24 种官方语言和东盟 10 国官方语言。具体见表 3.4.1。

---

① 国家语委科研机构之一,设在北京外国语大学。

表 3.4.1 我国高校外语语种专业开设情况

分布区域	语种名称	语种数量
亚洲	阿拉伯语、阿塞拜疆语、波斯语、朝鲜(韩国)语、(俄语)、梵语巴利语、菲律宾语、格鲁吉亚语、哈萨克语、豪萨语、吉尔吉斯语、柬埔寨语、老挝语、马来语、蒙古语、孟加拉语、缅甸语、尼泊尔语、普什图语、日语、僧伽罗语、斯瓦希里语、塔吉克语、泰米尔语、泰语、土耳其语、土库曼语、乌尔都语、乌兹别克语、希伯来语、亚美尼亚语、印地语、印尼语、越南语	34
欧洲	阿尔巴尼亚语、爱尔兰语、爱沙尼亚语、保加利亚语、冰岛语、波兰语、丹麦语、德语、(俄语)、(法语)、芬兰语、荷兰语、加泰罗尼亚语、捷克语、克罗地亚语、拉丁语、拉脱维亚语、立陶宛语、罗马尼亚语、马耳他语、马其顿语、挪威语、(葡萄牙语)、瑞典语、塞尔维亚语、斯洛伐克语、斯洛文尼亚语、乌克兰语、(西班牙语)、希腊语、匈牙利语、意大利语、(英语)	33
非洲	阿非利卡语、阿姆哈拉语、(法语)、马达加斯加语、索马里语、约鲁巴语、祖鲁语	7
北美洲	(英语)	1
南美洲	(葡萄牙语)、(西班牙语)	2
大洋洲	(英语)	1
合计		72

注：英语、俄语、法语、葡萄牙语、西班牙语在两个及以上大洲均有分布，合计中已去重。

(二) 外语专业人才招生情况

近年来，我国外语专业发展迅速。据《中国外语教育年度报告(2015)》[①]，除了 303 所独立学院外，全国现有普通本科院校 1,145 所，其中 994 所设有英语专业，比 2005 年增加 204 所。翻译和商务英语两个本科专业的专业点分别增至 106 个和 146 个。外语类专业的绝对招生人数也在持续增长，外国语言文学类专业在校本科生人数已达 81 万。

(三) 外语人才资源动态数据库

开展多语种语言人才培养储备状况调查及语言国情调查，建设适应国家对

---

① 王文斌,徐浩.中国外语教育年度报告(2015)[M].北京:外语教学与研究出版社,2016:29.

外开放重大战略需要的语言服务国家资源库,实施国家对外语言服务人才培养计划,是"语言文字筑桥工程"①的重要组成部分。

1. 国家外语人才资源动态数据库

该数据库是在调研全国主要高校外语人才资源现状基础上收集相关数据,建设"外语人才供需信息平台""外语专业师生数据库"和"高端外语人才数据库"。包括三个子库:

子库一为高校外语专业学生和教师的普查库,能够报告每年各外语语种招生人数和师资情况,有助于我国政府了解我国高校各类外语人才的状况和分布,有利于及时、恰当地规划我国外语人才资源的开发。

子库二为高端外语人才库,覆盖全国 985 高校、211 高校以及 14 所外国语大学中既懂专业又具有较高外语水平的高端复合型人才的详细信息,有助于国家语言援助和应急服务,优化政府对外语人才资源的管理和有效使用,改进和提升我国的国家外语能力。

子库三为外语人才供需信息库,面向社会开放,主要为社会服务,语言人才供需双方可通过该平台进行交流和洽谈,满足各自需求。

2. 国家语言志愿者人才库

主要任务包括三个方面:一是在北京、上海、天津等大城市的主要高校,特别是外语类院校,完成语言志愿者人才招募的试点工作;二是研究人才库运行机制,包括招募程序、服务对象、团员待遇、工作时间、志愿者条件和来源,以及志愿者语言能力和职责要求等;三是建设数据库录入平台和查询平台。数据库覆盖我国目前已开设的数十种通用语和非通用语专业的外语人才。

(四)外语专业建设和人才培养相关标准

近年来,教育部高等学校大学外语教学指导委员会、外国语言文学类专业教学指导委员会,先后制定了《大学英语教学指南》《高等学校外国语言文学专业本科教学质量国家标准》《普通高中英语课程新标准》等国家标准。在外语测试领域,由教育部考试中心主导的,首个覆盖我国各教育阶段英语测评、教学、学习的能力标准——《中国英语能力等级量表》已完成主体研制,国家英语能力等级考试计划在 2020 年前逐步推出。

---

① 国家语言文字事业"十三五"重点工程之一。

二、公共服务领域外文译写规范

为解决我国公共服务领域英文使用不规范的突出问题,加强和改进公共服务领域的外语服务,国家语委于 2011 年启动了国家标准《公共服务领域英文译写规范》的研制工作。该规范共有 10 个部分,提出了公共服务领域英文译写的基本规则和方法,同时提供了交通、旅游、文化、娱乐、体育、教育、医疗卫生、餐饮、住宿、邮政、电信、商业、金融 13 个服务领域共 3,500 余条公示语的规范英语译文。其《第 1 部分:通则》于 2013 年由国家标准委颁布,面向具体领域的第 2 至 10 部分于 2016 年形成报批稿报国家标准委。

此外,针对国内公共服务领域对俄文、日文等外文的使用需求,国家语委还于 2014 年启动了国家标准《公共服务领域俄文译写规范》《公共服务领域日文译写规范》的研制工作。2016 年,各外文译写规范均通过专家鉴定,在此基础上,提交国家语委语言文字规范标准审定委员会审订并原则通过。

三、语言服务业

语言服务业是提供语言文字类研究咨询、技术研发、工具应用、资产管理、教育培训等专业化服务的现代服务业,包括语言翻译、语言培训、语言出版、语言康复等。此外,语言测试、语言技术、语言艺术、语言会展、语言创意等直接以语言(文字)为生产、处理或服务对象的行业形态也日渐独立。这些都在转型发展的经济建设中成长为新的经济增长点。

(一)语言翻译

语言翻译服务需求巨大、发展迅猛,据中国翻译协会《2016 年中国语言服务行业发展报告》,截至 2016 年,我国专业从事语言服务或相关服务的企业数达到 72,500 家,行业年产值超过 2,800 亿元人民币;设立翻译硕士(MTI)专业的院校已经达到了 215 所,本科翻译专业培养院校共计 230 所。

(二)语言培训

社会化、市场化的语言培训发展迅速,包括基础教育、高等教育、出国培训、在线教育等不同维度和层次的培训。据艾瑞咨询推算，2016年中国在线少儿英语行业市场规模达到19.7亿元，增幅为45.4%。随着用户规模的不断扩大，在线少儿英语教育的市场规模还将有更大发展，预计到2019年将超过50亿元。目前整个留学市场规模在1,589.09亿元，其中出国类语言培训市场规模达82.92亿元。

(三) 语言出版

据"开卷"①统计，2016年我国整体监控码洋327.50亿元，网店监控码洋229.72亿元，累计监控动销品种300余万种。图书零售市场总规模从2015年的624亿元码洋，上升到2016年的701亿元码洋，同比增长率12.34%。在年度总码洋为701亿元的出版行业，语言类和文学类占比分别达到6.74%和12.88%，合计占比19.62%，加上语言类教辅教材，语言出版业的零售市场规模接近150亿元。

(四) 语言康复

在语言康复领域，据《2016年中国残疾人事业发展统计报告》，2016年我国有2万0—6岁残疾儿童得到人工耳蜗植入手术、助听器适配、听觉言语功能训练及家长支持性服务，1.9万聋儿参与机构训练。其中，仅人工耳蜗的市场规模就达约40亿元。

---

① "开卷"是从事中文图书市场零售数据连续跟踪服务的专业公司。

第四章 中华优秀语言文化传承传播

党的十八大以来，以习近平同志为核心的党中央高度重视中华优秀传统文化的历史传承和创新发展，提出了一系列新论断、新要求，为语言文字事业拓展工作领域指明了方向。语言是交际工具、思想依托，也是文化载体和文化的重要组成部分，传承传播中华优秀语言文化是新时期语言文字事业的重要任务。2016年，我国全面加强语言文化传播的基础建设，深入开展语言文化传播活动，扎实推进旨在保护传承汉语方言文化和少数民族语言文化的中国语言资源保护工程，广泛开展港澳台及国际语言文字交流合作，积极促进汉语的国际传播，充分发挥语言文字在传承弘扬中华优秀传统文化中的重要作用。

第一节 语言文化传播基础建设

2016年，我国继续推进中华经典资源库建设，全面启动中华诗词新韵研究，进一步加强中华思想文化术语及中央文献重要术语的整理与外译，为中华优秀语言文化传承传播奠定了扎实基础。

一、中华经典资源库

"中华经典资源库"是展现、阐释和推广中华优秀传统文化的大型公益视频资源建设项目，从思想、情感和艺术等多个角度展现经典的独特魅力，发掘经典的时代意义，引领大众更深入地了解中华经典，增强对优秀传统文化的认同感和传承意识。项目通过诵读、书写、讲解三种形式，结合丰富的图文、音频和视频，综合运用多种影视艺术手段，创作出兼具知识传播性和艺术欣赏性的影像精品。对于入选的部分少数民族篇目，还以国家通用语和民族语双语呈现，最大限度地展现作品原貌，突出作品文化特质。

第四章 中华优秀语言文化传承传播

（一）一期工程

"中华经典资源库"一期工程于 2014 年底建成并免费向社会发布，共收录中华经典诗文 100 篇，其中古诗词曲 72 篇、古文 17 篇、现代诗 2 篇、少数民族文学作品 9 篇。篇目构成见图 4.1.1。

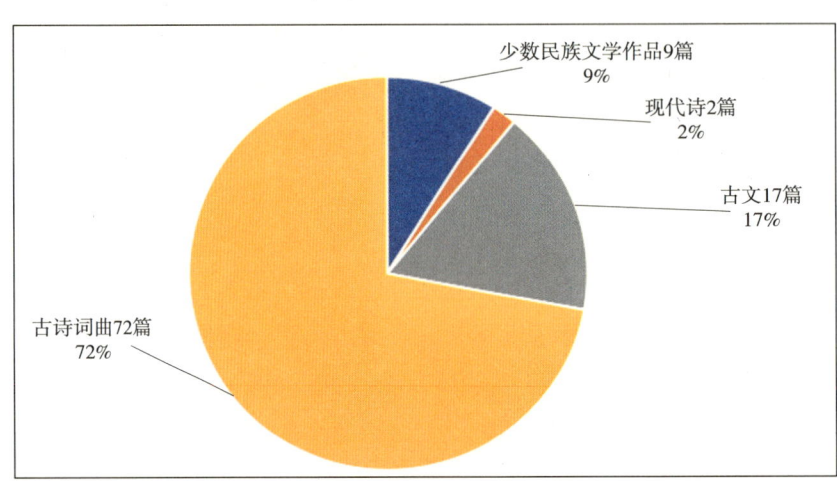

图 4.1.1　中华经典资源库一期项目篇目构成

（二）二期工程

"中华经典资源库"二期工程于 2015 年启动，目前在建。共收录中华经典诗文 69 篇，其中古文 48 篇、古诗 15 篇、现代文 6 篇，古文篇目来自《老子》《庄子》《论语》《左传》《孟子》《中庸》《大学》《尚书》《史记》等古代经典，此外还有传统吟诵篇和书法篇。篇目构成见图 4.1.2。

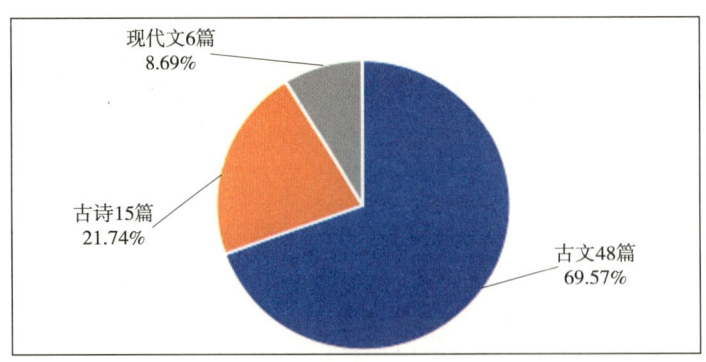

图 4.1.2　中华经典资源库二期项目篇目构成

二、中华诗词新韵研究

诗歌是我国历史最久、流行最广的文学体裁,讲究韵律和节奏的形式美是中国诗歌的传统。中国人不仅喜好在诗歌特别是古代格律诗的阅读和创作中享受文学之美,而且也喜见在其他文体包括政论文体或演讲中使用讲究对仗、押韵等韵律工整的句子,这种写作、演讲或阅读的习惯已经成为中华传统文化的一部分,形成了中国特有的集体无意识的文化传承现象。但由于语言发展的变化,古典诗词的格律和用韵标准已经不符合现代汉语语音实际,即便是新诗也还没有一个国家颁布的、具有广泛共识的权威韵书可供使用,这不利于中华诗词的传承与发展。

为传承弘扬中华优秀传统文化,国家语委决定在"十三五"期间开展中华诗词新韵专项研究,并将其列为"中华优秀语言文化传承与保护工程"[①]的重要内容。该研究的目的是制定中华诗词新韵规范,主要任务是编纂以普通话语音为基础,立足现代,尊重传统,面向未来,适合不同层次需要的《中华通韵》。

2016年,中华诗词新韵研究全面启动,并初步确定了《中华通韵》的编纂原则和编纂体例。《中华通韵》将以国家通用语言——普通话的语音系统为音系基础,以汉语拼音方案为编纂依据;同时依据音韵学理,面向不同层次的创作实践需求,科学把握韵母、韵部、韵字的不同,在普通话音系基础上根据现代诗词创作实践归纳韵部、列出韵字、形成韵书。在编纂体例上,将尽可能在普通话语音基础上兼顾古今不同时代的押韵标准的查询,以利民族认同和文化传承。

三、中华思想文化术语整理与外译

中华思想文化术语是由中华民族主体所创造或构建,凝聚着中华哲学思想、人文精神、思维方式、价值观念,以词或短语形式固化的概念和文化核心词。整理、诠释、翻译中华思想文化术语,并通过政府、民间的各种社会组织、传媒机构及各种传媒手段向国内国际广泛进行传播,是传承中华优秀文化、提升中华文化国际影响力、建设中国话语体系的重要举措。

---

① 国家语言文字事业"十三五"重点工程之一。

第四章 中华优秀语言文化传承传播

2014年,经国务院批准,由教育部、国家语委牵头组织,多部委联合参与的"中华思想文化术语传播工程"正式启动。工程聘请权威专家分别从哲学、历史、文艺和英语译审等学科角度出发,制定中华思想文化术语的遴选、释义、翻译规则并开展相关工作。截至2016年,各学科遴选并确定术语备选条目共900余条,已完成400条术语词条的编写。其中:哲学术语140条,包括"乾、坤、玄、八卦、混沌、道法自然、否极泰来"等;历史术语128条,包括"君、龙、春秋、社稷、炎黄、居安思危"等;文艺术语132条,包括"诗、词、白描、丹青、空灵、写意"等。具体见图4.1.3。

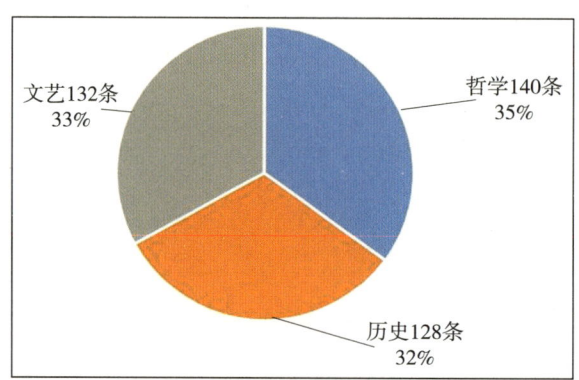

图4.1.3 已完成编写的400条中华思想文化术语学科分布

2016年,中华思想文化术语传播工程发布了200条术语及其英语译文。其中,哲学术语77条、历史术语62条、文艺术语61条。

(一) 哲学术语

具体见表4.1.1。

表4.1.1 2016年发布的哲学术语

序号	术语	英译
1	形而上	What Is Above Form / The Metaphysical
2	形而下	What Is Under Form / The Physical
3	格物致知	Study Things to Acquire Knowledge
4	逍遥	Carefree
5	混沌	Chaos

(续表)

序号	术语	英译
6	非攻	Denouncing Unjust Wars
7	天人之分	Distinction Between Man and Heaven
8	八卦	Eight Trigrams
9	五经	Five Classics
10	四书	Four Books
11	四端	Four Initiators
12	刚柔	Gang and Rou
13	过犹不及	Going Too Far Is as Bad as Falling Short.
14	天人合一	Heaven and Man Are United as One.
15	君子	Junzi (Man of Virtue)
16	知行	Knowledge and Application
17	坤	Kun
18	学	Learn
19	礼	Li (Rites / Social Norms)
20	命	Mandate / Destiny
21	和而不同	Harmony But Not Uniformity
22	虚壹而静	Open-mindedness, Concentration, and Tranquility
23	小人	Petty Man
24	乾	Qian
25	思	Reflecting / Thinking
26	独化	Self-driven Development
27	三玄	Three Metaphysical Classics
28	体	Ti
29	卦爻	Trigrams and Component Lines
30	兼爱	Universal Love
31	宇宙	Universe / Cosmos
32	元	Yuan (Origin)
33	名实	Name and Substance
34	天命	Mandate of Heaven

（续表）

序号	术语	英译
35	天道	Way of Heaven
36	天理	Natural Law
37	太虚	Taixu (Great Void)
38	器	Qi (Vessel)
39	象	Xiang (Semblance)
40	玄	Xuan (Mystery)
41	动静	Movement and Stillness
42	变化	Change
43	相反相成	Being both Opposite and Complementary
44	以无为本	Wu Is the Origin.
45	一物两体	One Thing in Two Fundamental States
46	理一分殊	There Is But One Li (Universal Principle), Which Exists in Diverse Forms.
47	血气	Vitality / Vital Force
48	浩然之气	Noble Spirit
49	心知	Mind Cognition
50	齐物	Seeing Things as Equal
51	天命之性	Character Endowed by Heaven
52	气质之性	Character Endowed by Qi (Vital Force)
53	诚意	Be Sincere in Thought
54	正心	Rectify One's Heart / Mind
55	尽心	Exert One's Heart / Mind to the Utmost
56	求放心	Search for the Lost Heart
57	正名	Rectification of Names
58	循名责实	Hold Actualities According to Its Name
59	三表	Three Standards
60	言不尽意	Words Cannot Fully Express Thought.
61	言尽意	Words Can Fully Express Thought.
62	忠	Loyalty

(续表)

序号	术语	英译
63	恕	Being Considerate / Forgiveness
64	大体、小体	The Major Organ and the Minor Organs
65	见闻之知	Knowledge from One's Senses
66	德性之知	Knowledge from One's Moral Nature
67	知先行后	First Knowledge, Then Action
68	知行合一	Unity of Knowledge and Action
69	行先知后	First Action, Then Knowledge
70	直	Rectitude
71	以直报怨	Repaying a Grudge with Rectitude
72	见利思义	Think of Righteousness in the Face of Gain
73	三思而行	Think Thrice Before Acting
74	慎独	Shendu
75	三才	The Three Elements
76	革故鼎新	Do Away with the Old and Set Up the New
77	同归殊途	Arrive at the Same Destination via Different Routes / Rely on a Common Ontological Entity

（二）历史术语

具体见表 4.1.2。

表 4.1.2　2016 年发布的历史术语

序号	术语	英译
1	民胞物与	All People Are My Brothers and Sisters, and All Things Are My Companions.
2	安土重迁	Attached to the Land and Unwilling to Move
3	居安思危	Be on Alert Against Potential Danger When Living in Peace
4	化干戈为玉帛	Beat Swords into Plowshares / Turn War into Peace
5	京（京师）	Capital of a Country
6	革命	Changing the Mandate / Revolution
7	政治	Decree and Governance / Politics

（续表）

序号	术语	英译
8	干城	Shield and Fortress / Dukes and Princes
9	自强不息	Striving Continuously to Strengthen Oneself
10	经世致用	Study of Ancient Classics Should Meet Present Needs.
11	法不阿贵	The Law Does Not Favor the Rich and Powerful.
12	经济	To Govern and Help the People
13	开物成务	Understand Things and Succeed in One's Endeavors
14	国家	Family-state / Country
15	师出有名	Fighting a War with a Moral Justification
16	国体	Guoti
17	人道	Way of Man
18	厚德载物	Have Ample Virtue and Carry All Things
19	天子	Son of Heaven
20	止戈为武	Stopping War Is a True Craft of War.
21	海内	Within the Four Seas
22	四海	Four Seas
23	养民	Nurturing the People
24	海外	Outside the Four Seas / Overseas
25	唇亡齿寒	Once the Lips Are Gone, the Teeth Will Feel Cold.
26	吴越同舟	People of Wu and Yue Are in the Same Boat.
27	人文	Renwen
28	实事求是	Seek Truth from Facts
29	上帝	Supreme Ruler / Ruler of Heaven
30	君	Lord / Nobility / Monarch
31	都	Metropolis
32	城	Fortress / City
33	鼎	Ding (Vessel)
34	礼尚往来	Reciprocity as a Social Norm
35	政者正也	Governance Means Rectitude.
36	治大国若烹小鲜	Governing a Big Country Is Like Cooking Small Fish.

（续表）

序号	术语	英译
37	师直为壮	Troops Will Be Powerful When Fighting a Just Cause.
38	公生明,廉生威	Fairness Fosters Discernment and Integrity Creates Authority.
39	四海之内皆兄弟	All the People Within the Four Seas Are Brothers.
40	多行不义必自毙	He Who Repeatedly Commits Wrongdoing Will Come to No Good End.
41	炎黄	The Fiery Emperor and the Yellow Emperor / Emperor Yan and Emperor Huang
42	大道至简	Great Truth in Simple Words
43	道济天下	Support All People by Upholding Truth and Justice
44	温故知新	Review the Old and Learn the New
45	见贤思齐	When Seeing a Person of High Caliber, Strive to Be His Equal.
46	有容乃大	A Broad Mind Achieves Greatness.
47	无欲则刚	People with No Covetous Desires Stand Upright.
48	仁者爱人	The Benevolent Person Loves Others.
49	否极泰来	When Worse Comes to the Worst, Things Will Turn for the Better.
50	刚柔相济	Combine Toughness with Softness
51	与民更始	Make a Fresh Start with the People
52	载舟覆舟	Carry or Overturn the Boat / Make or Break
53	鉴古知今	Review the Past to Understand the Present
54	慎思明辨	Careful Reflection and Clear Discrimination
55	知耻而后勇	Having a Feeling of Shame Gives Rise to Courage.
56	授人以渔	Teaching How to Fish
57	得道多助,失道寡助	A Just Cause Enjoys Abundant Support While an Unjust Cause Finds Little Support.
58	前事不忘,后事之师	Past Experience, If Not Forgotten, Is a Guide for the Future.
59	天下兴亡,匹夫有责	The Rise and Fall of All Under Heaven Is the Responsibility of Every Individual.
60	淡泊明志,宁静致远	Indifference to Fame and Fortune Characterizes a High Aim in Life, and Leading a Quiet Life Helps One Lasting Accomplish Something.
61	上善若水	Great Virtue Is Like Water.
62	道法自然	Dao Operates Naturally.

（三）文艺术语

具体见表 4.1.3。

表 4.1.3　2016 年发布的文艺术语

序号	术语	英译
1	画龙点睛	Adding Pupils to the Eyes of a Painted Dragon / Rendering the Final Touch
2	意境	Aesthetic Conception
3	境生象外	Aesthetic Conception Transcends Concrete Objects Described.
4	文笔	Writing and Writing Technique
5	兴寄	Xingji (Association and Inner Sustenance)
6	兴趣	Xingqu (Charm)
7	活法	Literary Flexibility
8	文章	Literary Writing
9	文学	Literature
10	解衣盘礴	Sitting with Clothes Unbuttoned and Legs Stretching Out
11	辨体	Style Differentiation
12	妙悟	Subtle Insight
13	取境	Qujing (Conceptualize an Aesheric Feeling)
14	诗中有画，画中有诗	Painting in Poetry, Poetry in Painting
15	诗史	Historical Poetry
16	别集	Individual Collection
17	意兴	Inspirational Appreciation
18	神与物游	Interaction Between the Mind and the Subject Matter
19	境界	Jingjie (Visionary World)
20	艺术	Art
21	本色	Bense (Original Character)
22	楚辞	Chuci (Ode of Chu)
23	画道	Dao of Painting
24	别材别趣	Distinct Subject and Artistic Taste
25	神韵	Elegant Subtlety

(续表)

序号	术语	英译
26	辞达	Expressiveness
27	总集	General Collection / Anthology
28	化工、画工	Magically Natural, Overly Crafted
29	比德	Virtue Comparison
30	会心	Heart-to-heart Communication
31	温柔敦厚	Mild, Gentle, Sincere, and Broadminded
32	气象	Prevailing Features
33	诗	Shi (Poetry)
34	词	Ci (Lyric)
35	曲	Qu (Melody)
36	歌	Song
37	词曲	Ci (Lyric) and Qu (Melody)
38	小说	Fiction
39	大巧若拙	Exquisite Skill Looks Simple and Clumsy.
40	芙蓉出水	Lotus Rising Out of Water
41	淡泊	Quiet Living with No Worldly Desire
42	错彩镂金	Gilded and Colored, Elegant and Refined
43	当行	Professionalism
44	典雅	Classical Elegance
45	繁缛	Overly Elaborative
46	风骨	Fenggu
47	气骨	Qigu (Emotional Vitality and Forcefulness)
48	风教	Moral Cultivation
49	写意	Freehand Brushwork
50	丹青	Painting in Colors
51	沉郁	Melancholy
52	飘逸	Natural Grace
53	寄托	Entrusting
54	旷达	Broad-mindedness / Unconstrained Style

(续表)

序号	术语	英译
55	大用	Maximal Functioning
56	内美	Inner Beauty
57	白描	Plain Line Drawing
58	雅乐	Fine Music
59	空灵	Ethereal Effect
60	春秋	The Spring and Autumn Annals / The Spring and Autumn Period
61	斯文	Be Cultured and Refined

四、中央文献重要术语整理与外译

中央文献重要术语的翻译是党和国家对外话语体系建设的基础性工作，是提高国际传播能力的支撑性要素。这些重要术语是中央文献中出现的、具有重要意义并富有中国特色的概念和表述，具有内涵明确、富有特色、适于传播等特点，是党理论创新的重要成果，广受国际社会关注，亟需通过规范的翻译提升其对外传播的质量和效力，以更好地为国际社会所了解和接受。为进一步加强和改进中央文献对外翻译工作，促进已有翻译成果的应用和传播，提高国际知晓率和认同度，中央编译局自2015年起有计划地发布"中央文献重要术语译文"，将中央文献重要术语译为英文、俄文、法文、西班牙文、日文、德文、阿拉伯文7个语种。2016年，中央编译局先后发布了9批共155个术语的外语译文。

（一）术语来源

见表4.1.4。

表4.1.4　2016年发布的中央文献重要术语来源

序号	来源文件	术语数量
1	中共中央关于制定国民经济和社会发展第十三个五年规划的建议	85
2	2016年政府工作报告	34
3	关于2015年中央和地方预算执行情况与2016年中央和地方预算草案的报告	8
4	关于2015年国民经济和社会发展计划执行情况与2016年国民经济和社会发展计划草案的报告	6

(续表)

序号	来源文件	术语数量
5	中国共产党历史	18
6	习近平在纪念红军长征胜利80周年大会上的讲话	7
7	十八届六中全会公报	9
8	关于新形势下党内政治生活的若干准则	15
9	中国共产党党内监督条例	6
	合计	155

注：有21个术语在两个或以上文献中出现，分文献统计时进行了重复计算，合计时已去重。

(二) 各批次英语译文示例

1. 第一批

具体见表4.1.5。

表4.1.5 《中共中央关于制定国民经济和社会发展第十三个五年规划的建议》部分术语英语译文（一）

中文	英文
引领型发展	leading-edge development
创新驱动发展战略	innovation-driven development strategy
优进优出战略	strategy for optimizing imports and exports
网络强国战略	national cyber development strategy
国家大数据战略	national big data strategy
藏粮于地、藏粮于技战略	food crop production strategy based on farmland management and technological application
智能制造工程	smart manufacturing initiative
大科学工程	Big Science project
能源安全储备制度	energy security reserve system
金融宏观审慎管理制度	macroprudential regulation of the financial sector
普惠性创新支持政策体系	inclusive policies for the support of innovation
企业研发费用加计扣除政策	policy of additional tax deductions for enterprise research and development
协同创新	collaborative innovation
众创、众包、众扶、众筹	crowd innovation, crowdsourcing, crowd support, and crowdfunding

2. 第二批

具体见表4.1.6。

表4.1.6 《中共中央关于制定国民经济和社会发展第十三个五年规划的建议》部分术语英语译文（二）

中文	英文
区域协同发展	coordinated development between regions
城乡发展一体化	urban-rural integration
物质文明和精神文明协调发展	ensure that cultural-ethical and material development progress together
军民融合发展战略	military-civilian integration strategy
经济建设和国防建设融合发展	integrated development of the economy and national defense
京津冀协同发展	coordinated development of the Beijing, Tianjin, and Hebei region
综合立体交通走廊	multimodal transport corridor
居住证制度	residence card system
财政转移支付同农业转移人口市民化挂钩机制	mechanism linking the transfer payments a local government receives to the number of former rural residents granted urban residency in its jurisdiction
城镇建设用地增加规模同吸纳农业转移人口落户数量挂钩机制	mechanism linking increases in the amount of land designated for urban development in a locality to the number of former rural residents granted urban residency there
中国特色新型智库	new type of Chinese think tanks
马克思主义理论研究和建设工程	Marxist Theory Research and Development Project
哲学社会科学创新工程	initiative to promote innovation in philosophy and the social sciences
网络内容建设工程	initiative to enrich online content
农村人居环境整治行动	rural living environment improvement initiative
历史文化名村名镇	towns and villages with rich historical and cultural heritage
美丽宜居乡村	a countryside that is beautiful and pleasant to live in

3. 第三批

具体见表4.1.7。

表 4.1.7 《2016 年政府工作报告》《关于 2015 年国民经济和社会发展计划执行情况与 2016 年国民经济和社会发展计划草案的报告》和《关于 2015 年中央和地方预算执行情况与 2016 年中央和地方预算草案的报告》部分术语英语译文（一）

中文	英文
宏观政策要稳、产业政策要准、微观政策要活、改革政策要实、社会政策要托底的总体思路	The idea is to ensure macro-level policy maintains economic stability, industrial policy is targeted, micro-level policy injects dynamism into the economy, reform policy delivers results, and social policy sees basic living needs are met.
稳中求进工作总基调	seeking progress while working to keep performance stable
供给侧结构性改革	supply-side structural reform
区间调控、定向调控、相机调控	range-based, targeted, and well-timed regulation
去产能、去库存、去杠杆、降成本、补短板	address overcapacity, reduce inventory, deleverage, lower costs, and bolster areas of weakness
发展新动能	new driver of growth
与地方事权和支出责任划分	define the respective powers and spending responsibilities of the central and local governments
国际产能合作	international cooperation on production capacity
准入前国民待遇加负面清单管理制度	the pre-establishment national treatment plus negative list system
质量强国	a country strong on quality
知识产权强国	IPR powerhouse
工匠精神	spirit of craftsmanship
政府法律顾问制度	system of government legal advisors
中国特色大国外交理念	the philosophy underpinning China's diplomacy as a major country
为政之道，民生为本	That government is best which gives prime place to the wellbeing of the people.
简除烦苛，禁察非法	cut red tape and root out illegalities
上下同欲者胜	Success comes to those who share in one purpose.

4. 第四批

具体见表 4.1.8。

表 4.1.8 《2015 年政府工作报告》《关于 2015 年国民经济和社会发展计划执行情况与 2016 年国民经济和社会发展计划草案的报告》和《关于 2015 年中央和地方预算执行情况与 2016 年中央和地方预算草案的报告》部分术语译文（二）

中文	英文
国家基本公共服务项目清单	national list of basic public services
"互联网+政务服务"	Internet Plus government services
"双随机、一公开"监管	oversight through inspections by randomly selected inspectors of randomly selected entities and the public release of inspection results
激励机制和容错纠错机制	mechanisms to provide incentives and allow for and rectify errors
地方政府举债融资机制	local government debt financing mechanism
人民币跨境支付系统	cross-border RMB payment system
人民币汇率市场化形成机制	market-based RMB exchange rate regime
全口径外债宏观审慎管理	unified macroprudential management of external debt
投贷联动试点	trial of debt-equity combination financing
资源税从价计征	ad valorem resource tax
国家新兴产业创业投资引导基金	National Venture Capital Guide Fund for Emerging Industries
中小企业发展基金	Small and Medium Enterprise Development Fund
国家自主创新示范区	national innovation demonstration zone
创业创新服务业	innovation and business startup service industry
"中国制造+互联网"	Made in China+the Internet
"市场定价、价补分离"原则	principle of market-based prices with separate subsidies
医疗、医保、医药联动改革	coordinated healthcare, health insurance, and pharmaceutical reforms
机关事业单位养老保险制度改革	reform of the pension system for government and public institution employees

5. 第五批

具体见表 4.1.9。

表 4.1.9 《中共中央关于制定国民经济和社会发展第十三个五年规划的建议》部分术语英语译文（一）

中文	英文
人与自然和谐共生	harmony between humankind and nature
美丽中国建设	Beautiful China Initiative
资源节约型、环境友好型社会	resource-conserving, environmentally friendly society
国家生态文明试区	national ecological conservation pilot zone
重点生态功能区	important ecological area (IEA)
绿色低碳循环发展产业体系	industrial system geared toward green, low-carbon, and circular development
绿色金融	green finance
循环发展引领计划	initiative to guide the shift toward circular development
全民节能行动计划	Nation of Energy Savers Initiative
用能权、用水权、排污权、碳排放权初始分配制度	initial allocation system for energy, water, pollution, and carbon permits
工业污染源全面达标排放计划	initiative to ensure that all industrial polluters comply with discharge standards
省以下环保机构监测监察执法垂直管理制度	system whereby environmental protection agencies below the provincial level come directly under the supervision of their respective provincial-level agencies in terms of environmental inspection and monitoring
领导干部自然资源资产离任审计	audit outgoing officials' natural resource asset management
近零碳排放区示范工程	initiative to demonstrate near-zero carbon emissions zones
耕地轮作休耕制度	crop rotation and fallow system
污染物总量控制	aggregate emissions control
生态安全屏障	eco-security shield
江河源头和水源涵养区生态保护	ecological protection of river sources and water source conservation areas
蓝色海湾整治行动	Blue Bay Initiative

6. 第六批

具体见表 4.1.10。

表 4.1.10 《中共中央关于制定国民经济和社会发展第十三个五年规划的建议》部分术语英语译文(二)

中文	英文
开放型经济新体制	new systems for developing an open economy
互利合作	mutually beneficial cooperation
统筹国内国际两个大局	keep in mind both the domestic and international situations
双向开放	two-way opening up
【例】打造陆海内外联动、东西双向开放的全面开放新格局。	We will work to bring about a new phase of all-around two-way opening up with links running eastward and westward over land and sea.
互联互通	connectivity
【例】推进基础设施互联互通和国际大通道建设,共同建设国际经济合作走廊。	We should help to increase infrastructure connectivity and develop major international thoroughfares as well as work with overseas partners to build international economic cooperation corridors.
利益共同体	community of common interests
制度性话语权	say over international regimes
亲诚惠容	amity, sincerity, mutual benefit, and inclusiveness
共商共建共享原则	the principle of achieving shared growth through discussion and collaboration
海外利益保护体系	protection of Chinese interests overseas
国际产能和装备制造合作	international cooperation on production capacity and equipment manufacturing
跨境电子商务	cross-border e-commerce
通关一体化	customs integration
优质优价	higher quality, higher price
"港人治港"	The people of Hong Kong govern Hong Kong.
"澳人治澳"	The people of Macao govern Macao.
"两岸一家亲"	People on both sides of the Taiwan Straits are all of one family.

7. 第七批

具体见表 4.1.11。

表 4.1.11 《中共中央关于制定国民经济和社会发展第十三个五年规划的建议》部分术语英语译文（三）

中文	英文
人人参与、人人尽力、人人享有	Everyone participates, makes a contribution, and shares in the benefits.
男女平等基本国策	basic state policy of gender equality
计划生育基本国策	basic state policy of family planning
就业优先战略	jobs first strategy
食品安全战略	food safety strategy
健康中国建设	Healthy China Initiative
全民参保计划	social security for all
新生代农民工职业技能提升计划	skills improvement initiative for new-generation migrant workers
脱贫攻坚工程	the fight against poverty
脱贫工作责任制	poverty alleviation responsibility system
资产收益扶持制度	support through returns on asset investments
综合和分类相结合的个人所得税制	personal income tax based on a combination of adjusted gross income and specific types of income
职工养老保险个人账户制度	personal pension accounts for workers
渐进式延迟退休年龄政策	policy of gradually raising the retirement age
个人学习账号和学分累计制度	personal learning accounts and credit accumulation system
企业新型学徒制	new apprenticeship
就业失业统计指标体系	statistical indicators for employment and unemployment
普惠性幼儿园	public interest kindergarten

8. 第八批

具体见表 4.1.12。

表 4.1.12 《习近平在纪念红军长征胜利 80 周年大会上的讲话》和《中国共产党历史》部分术语英语译文

中文	英文
中国工农红军	Chinese Workers' and Peasants' Red Army
长征	Long March
【例句】长征是宣言书,长征是宣传队,长征是播种机。	The Long March was a declaration, a publicity force, and a sower of seeds.
红军三大主力	three main forces of the Red Army
【释义】包括红一方面军(中央红军)、红二方面军、红四方面军。	The three main forces of the Red Army were the First Front Army (also known as the Central Red Army), the Second Front Army, and the Fourth Front Army.
反"围剿"斗争	counter-encirclement and -suppression campaign
北上抗日	move north to resist Japanese aggression
中央革命根据地(中央苏区)	Central Revolutionary Base (Central Soviet Area)
中华苏维埃共和国	Chinese Soviet Republic
封锁线	blockade
湘江之战	Battle of the Xiang River
遵义会议	Zunyi Meeting
四渡赤水	cross the Chishui River four times
《八一宣言》	August First Declaration
陕甘革命根据地	Shaanxi-Gansu Revolutionary Base
会宁会师	the joining of Red Army forces at Huining
长征精神	Long March spirit
革命英雄主义	revolutionary heroism
革命乐观主义	revolutionary optimism
红军不怕远征难,万水千山只等闲	The Red Army, facing down challenges on its march, Braved ten thousand crags and torrents.

9. 第九批

具体见表 4.1.13。

表 4.1.13 十八届六中全会公报以及《关于新形势下党内政治生活的若干准则》和《中国共产党党内监督条例》部分术语英语译文

中文	英文
全面从严治党	The Party shall exercise strict self-governance in every respect.
以习近平同志为核心的党中央	the Party Central Committee with Comrade Xi Jinping at its core
《关于新形势下党内政治生活的若干准则》	Code of Conduct for Intraparty Political Life under New Circumstances
《中国共产党党内监督条例》	Regulations of the Communist Party of China on Internal Oversight
政治意识、大局意识、核心意识、看齐意识	consciousness of the need to maintain political integrity, think in big-picture terms, uphold the leadership core, and keep in alignment
坚定理想信念	deepen commitment to the ideals and convictions of the Party
坚持党的基本路线	uphold the Party's basic line
坚决维护党中央权威	uphold the authority of the Party Central Committee
严明党的政治纪律	maintain strict political discipline in the Party
保持党同人民群众的血肉联系	ensure the Party maintains a close relationship with the people
坚持民主集中制原则	uphold the principle of democratic centralism
发扬党内民主和保障党员权利	practice democracy within the Party and safeguard the rights of Party members
坚持正确选人用人导向	adopt the right approach in selecting officials and putting them to the best use
严格党的组织生活制度	carry out regular Party organization activities
开展批评和自我批评	carry out criticism and self-criticism
加强对权力运行的制约和监督	strengthen checks on and oversight over the exercise of power
保持清正廉洁的政治本色	preserve a political character of honesty and integrity

第二节　语言文化传播活动

语言文字是人类智慧和文明的结晶，是文化传承、发展、繁荣的重要载体。2016年，我国语言文字事业以群众性活动为抓手，以学校教育为基础，充分发挥电视媒体的宣传优势，全力打造语言文化传播品牌活动，全面推进中华经典诵读教育和汉字书写教育，为中华优秀文化传承发展发挥了重要作用。

一、语言文化媒体传播活动

2013年以来，国家语委与中央电视台联合举办的《中国汉字听写大会》《中国成语大会》和《中国诗词大会》成为近年来我国重要的文化品牌。其中，汉字听写大会聚焦"字"的规范运用，成语大会侧重"词"的溯源理解，诗词大会对有特殊格式和韵律的名篇佳作进行欣赏分析，从字、词、篇的不同角度充分展现了语言文字的魅力，体现了中华优秀语言文化的博大精深。三个大会运用群众喜闻乐见的传播形式传承弘扬中华优秀传统文化，促进文化认同、增强文化自信，传播正能量、锻造精气神，得到中央领导的高度肯定和社会各界的广泛关注，累计收视人数超过11亿人次。

2016年，《中国诗词大会》首次举办，同时段平均收视率排名第六，播出期间还曾多次冲上排名第一，见表4.2.1。

表4.2.1　《中国诗词大会》同时段收视率上星排名（2016.2.12－4.15）

排名	频道	周五 20:01－21:36 时段 平均收视率%	播出内容
1	浙江卫视	1.39	电视剧+王牌对王牌
2	湖南卫视	1.27	电视剧+天天向上
3	央视八套	1.18	电视剧
4	央视三套	1.16	中国好歌曲+开门大吉
5	央视六套	1.13	电影
6	央视一套	1.05	中国诗词大会
7	江苏卫视	0.79	电视剧+最强大脑

总决赛在央视一套综合频道播出时的收视率达到 1.19%，10 期节目综合频道平均收视率为 1.05%，收视规模约 4.86 亿人次。具体见图 4.2.1。

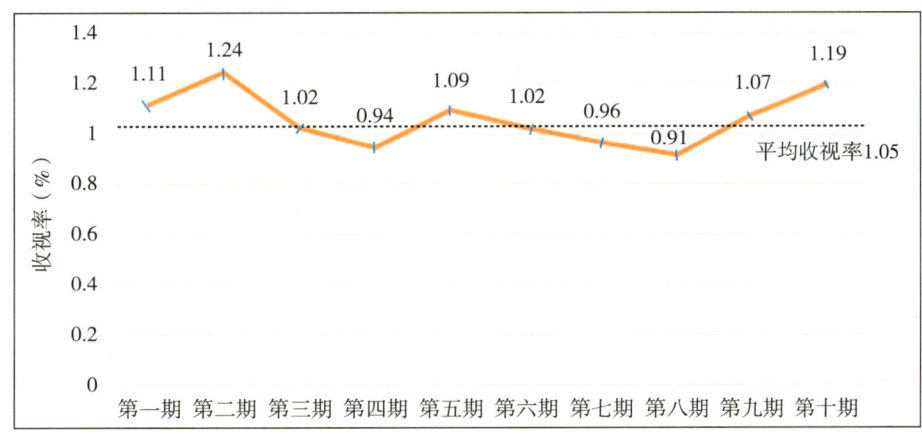

图 4.2.1 《中国诗词大会》各期收视率

二、中华经典诵读活动

中华经典诵读活动是国家语委联合中宣部等有关部门从 2007 年起在全国开展的群众性文化活动。活动以"中华诵——雅言传承文明，经典浸润人生"为主题，引导、组织国民特别是广大学生，阅读、传诵、书写凝练了中华民族思想理念、文化精髓的各历史时期经典文学作品，旨在探索新时期推广普通话、推行规范汉字的有效途径，传承和弘扬中华民族优秀传统文化，建设中华民族共有精神家园，激发全社会对中华民族先进文化的学习和热爱。

据不完全统计，2016 年全国各省（区、市）语言文字工作部门共举行经典诵读活动 506 项，包括集体诵读、比赛、演出等不同活动形式。具体见表 4.2.2。

表 4.2.2 2016 年各省（区、市）中华经典诵读活动开展情况

序号	省（区、市）	集体诵读	比赛	演出	其他	合计
1	北京	-	6	7	2	15
2	天津	5	22	4	5	36
3	河北	1	34	13	7	55
4	山西	1	4	3	-	8

(续表)

序号	省(区、市)	集体诵读	比赛	演出	其他	合计
5	内蒙古	-	1	-	-	1
6	辽宁	3	11	2	4	20
7	吉林	-	23	13	8	44
8	黑龙江	6	10	11	1	28
9	上海	-	3	3	-	6
10	江苏	-	14	4	3	21
11	浙江	-	2	-	-	2
12	安徽	-	7	8	-	15
13	福建	-	1	-	-	1
14	江西	-	3	1	1	5
15	山东	7	18	6	5	36
16	河南	13	48	10	6	77
17	湖北	7	21	7	3	38
18	湖南	1	3	1	1	6
19	广东	6	32	3	1	42
20	广西	-	2	-	-	2
21	海南	-	4	3	-	7
22	重庆	-	-	-	-	-
23	四川	-	-	1	-	1
24	贵州	-	-	-	-	-
25	云南	-	1	-	-	1
26	西藏	-	1	-	-	1
27	陕西	-	1	1	-	2
28	甘肃	2	11	3	-	16
29	青海	6	7	3	4	20
30	宁夏	-	-	-	-	-
31	新疆	-	-	-	-	-
	合计	58	290	107	51	506

据不完全统计,2016年全国各省(区、市)以不同方式参与经典诵读活动的人次达947.66万。具体见表4.2.3。

表4.2.3 2016年各省(区、市)中华经典诵读活动参与人次(单位:万)

序号	省(区、市)	集体诵读	比赛	演出	其他	合计
1	北京	-	1.41	0.17	0.11	1.69
2	天津	0.34	10.58	0.13	0.98	12.02
3	河北	0.08	14.16	5.39	0.53	20.16
4	山西	3.00	4.75	7.76	-	15.51
5	内蒙古	-	2.40	-	-	2.40
6	辽宁	8.20	3.07	0.22	0.36	11.85
7	吉林	-	4.60	1.39	0.21	6.20
8	黑龙江	1.45	2.44	2.90	0.08	6.87
9	上海	-	12.00	14.00	-	26.00
10	江苏	-	66.29	9.53	0.19	76.01
11	浙江	-	0.20	-	-	0.20
12	安徽	-	19.71	13.40	-	33.11
13	福建	-	15.00	-	-	15.00
14	江西	-	0.16	1.00	0.03	1.19
15	山东	5.77	10.90	69.28	0.22	86.17
16	河南	2.97	14.90	10.32	0.60	28.79
17	湖北	1.09	42.76	81.78	1.57	127.20
18	湖南	0.03	0.80	0.40	0.20	1.43
19	广东	13.49	75.12	0.55	0.08	89.25
20	广西	-	50.33	-	-	50.33
21	海南	-	6.14	20.50	-	26.64
22	重庆	-	-	-	-	-
23	四川	-	-	50.00	-	50.00
24	贵州	-	-	-	-	-
25	云南	-	1.38	-	-	1.38

(续表)

序号	省(区、市)	集体诵读	比赛	演出	其他	合计
26	西藏	—	0.01	—	—	0.01
27	陕西	—	2.00	150.00	—	152.00
28	甘肃	10.80	37.83	50.62	—	99.25
29	青海	1.86	3.01	1.32	0.81	7.00
30	宁夏	—	—	—	—	—
31	新疆	—	—	—	—	—
	合计	49.08	401.95	490.66	5.97	947.66

三、全国大学生朗诵大会

全国大学生朗诵大会暨齐越朗诵艺术节是国家语委与中国传媒大学联合主办、面向全国大学生的朗诵文化活动。自2013年以来，已连续举办四届，参与高校和人数逐年递增。截至2016年，累计已有8,500人次参加，见表4.2.4。

表4.2.4 历届全国大学生朗诵大会主题与参与情况

届数	举办年份	活动主题	参与高校数	参与人次
1	2013	中国梦 我的梦！2013	95	1,000
2	2014	同抒爱国情，共传华夏声	130	2,000
3	2015	雅言诵经典 真情咏中华	143	2,500
4	2016	共诵中华经典，同抒爱国情怀	172	3,000
		合计	540	8,500

四、汉字书写教育

(一)"规范汉字书写教育特色学校"创建

创建"规范汉字书写教育特色学校"是引导、鼓励中小学重视和加强规范汉字书写教育的重要举措。从2010年活动开展以来，全国创建命名了"规范汉字书写教育特色学校"1,350所，其中国家级389所、省级961所。具体见表4.2.5。

表 4.2.5　各省(区、市)"规范汉字书写教育特色学校"创建情况

序号	省(区、市)	国家级特色学校	省级特色学校	序号	省(区、市)	国家级特色学校	省级特色学校
1	北京	16	45	18	湖南	15	37
2	天津	18	31	19	广东	-	128
3	河北	16	16	20	广西	15	15
4	山西	11	339	21	海南	-	-
5	内蒙古	14	-	22	重庆	4	-
6	辽宁	11	-	23	四川	21	-
7	吉林	8	-	24	贵州	9	9
8	黑龙江	15	-	25	云南	16	36
9	上海	19	17	26	西藏	-	-
10	江苏	18	69	27	陕西	10	10
11	浙江	13	-	28	甘肃	14	-
12	安徽	14	-	29	青海	4	-
13	福建	10	67	30	宁夏	4	-
14	江西	11	11	31	新疆	10	-
15	山东	22	131	32	新疆生产建设兵团	12	-
16	河南	21	-				
17	湖北	18	-		合计	389	961

(二)"书法名家进校园"活动

"书法名家进校园"活动通过邀请书法家走进学校、走进基层、走进一线,直接为教育服务、为师生服务、为培养人才服务。活动以小学、校外青少年活动中心和初级中学为主。各地每学年开展1—2次活动,每次活动由当地书法家协会选派1—2名知名书法家进校园,开展理论讲座、技法示范、临帖指导、习作点评、作品展示、师资培训等形式多样的书法主题活动。

"书法名家进校园"活动发起于2013年,首次活动在北京语言大学举行。2016年,全国共举行10,629次活动,其中进高校活动419次、进中学活动3,211次、进小学活动6,999次。具体见表4.2.6。

表 4.2.6 2016年各省(区、市)"书法名家进校园"活动开展情况

序号	省(区、市)	进高校活动	进中学活动	进小学活动	合计
1	北京	4	41	179	224
2	天津	28	16	21	65
3	河北	4	300	805	1,109
4	山西	22	208	329	559
5	内蒙古	0	28	42	70
6	辽宁	0	60	555	615
7	吉林	9	86	280	375
8	黑龙江	—	—	—	—
9	上海	12	69	95	176
10	江苏	47	212	340	599
11	浙江	2	2	2	6
12	安徽	5	126	304	435
13	福建	126	286	359	771
14	江西	6	11	22	39
15	山东	14	568	1,561	2,143
16	河南	30	301	650	981
17	湖北	11	115	210	336
18	湖南	89	180	120	389
19	广东	0	272	460	732
20	广西	0	27	100	127
21	海南	3	16	11	30
22	重庆	0	10	20	30
23	四川	5	8	10	23
24	贵州	0	3	12	15
25	云南	2	0	0	2
26	西藏	0	0	1	1
27	陕西	0	100	100	200
28	甘肃	0	161	406	567

（续表）

序号	省（区、市）	进高校活动	进中学活动	进小学活动	合计
29	青海	-	-	-	-
30	宁夏	0	5	5	10
31	新疆	-	-	-	-
	合计	419	3,211	6,999	10,629

第三节　科学保护各民族语言文字

科学保护少数民族语言文字,保护传承汉语方言文化,对巩固"多元一体"的中华民族格局,建设主体多样的和谐语言生活,维护和发展中华文化的包容性、多样性、创造性,都具有重要意义,是传承发展中华优秀传统文化的重要内容。2016年,我国深入推进以记录保存汉语方言和少数民族语言为核心任务的中国语言资源保护工程,取得丰硕成果。

中国语言资源保护工程是国家语委在前期建设中国语言资源有声数据库基础上,于2015年启动的语言文化工程。旨在利用现代化技术手段,收集记录汉语方言、少数民族语言和口头语言文化的实态语料,通过科学整理和加工,建成大规模、可持续增长的多媒体语言资源库,并开展语言资源保护研究工作,形成系统的基础性成果,进而推进深度开发应用,全面提升我国语言资源保护和利用水平,为传承中华优秀传统文化、促进民族团结、维护国家安全服务。

中国语言资源保护工程主要任务包括中国语言资源调查、中国语言资源平台建设、中国语言资源保护研究、中国语言资源开发应用四个方面。工程的重点是通过田野调查、在线采录和文献典藏实现大规模语言资源汇聚。计划用5年时间,开展1,500个地点的田野调查,其中少数民族语言300个点,汉语方言900个点,濒危语言方言200个点,语言方言文化100个点。2016年,工程共在298个调查点上开展了调查。

目前,全国共有超过250所高校和科研机构,近500个专家团队、1,500多名专业技术人员参与工程建设。2016年,中国语言资源保护研究中心①面向各调查团队组织开展的工程层面培训共计15期、1,200余人次。

此外,工程已建成"中国语言资源保护工程采录展示平台"和"中国方言文化典藏多媒体资料库"两大多媒体语言资源库,持续在线收集和汇聚展示中国语言资源。

一、汉语方言资源保护

2016年,工程设有198个汉语方言类调查点,覆盖全国29个省(区、市)和各

---

① 国家语委科研机构之一,设在北京语言大学,具体负责工程的组织与实施。

大汉语方言区。具体见表 4.3.1。

表 4.3.1 2016 年中国语言资源保护工程汉语方言类调查点

序号	省(区、市)	汉语方言调查点	濒危汉语方言调查点	汉语方言文化调查点	合计
1	河北	-	-	1	1
2	山西	16	-	1	17
3	内蒙古	5	-	-	5
4	辽宁	6	-	-	6
5	吉林	4	-	-	4
6	黑龙江	5	1	1	7
7	江苏	-	-	1	1
8	浙江	16	3	3	22
9	安徽	-	1	-	1
10	福建	22	3	-	25
11	江西	-	1	2	3
12	山东	-	-	1	1
13	河南	4	-	-	4
14	湖北	9	-	-	9
15	湖南	-	4	2	6
16	广东	20	4	-	24
17	广西	-	3	3	6
18	海南	2	2	-	4
19	重庆	20	1	1	22
20	四川	10	2	-	12
21	云南	5	-	-	5
22	西藏	1	-	-	1
23	陕西	-	4	-	4
24	青海	1	-	-	1
25	宁夏	2	-	-	2
26	新疆	2	-	-	2
27	香港	1	-	-	1

(续表)

序号	省（区、市）	汉语方言调查点	濒危汉语方言调查点	语言方言文化调查点	合计
28	澳门	1	-	-	1
29	台湾	1	-	-	1
	合计	153	29	16	198

二、少数民族语言资源保护

2016年，工程设有100个少数民族语言类调查点，覆盖全国16个省（区、市），涉及汉藏语系、阿尔泰语系、南亚语系、南岛语系、印欧语系诸语言及朝鲜语和6种混合语。具体见表4.3.2。

表4.3.2　2016年中国语言资源保护工程少数民族语言类调查点

序号	省（区、市）	少数民族语言调查点	濒危少数民族语言调查点	少数民族语言文化调查点	合计
1	内蒙古	5	2	1	8
2	辽宁	1	-	-	1
3	吉林	-	-	1	1
4	黑龙江	2	1	-	3
5	湖南	5	-	2	7
6	广东	1	-	-	1
7	广西	7	1	1	9
8	海南	1	2	-	3
9	四川	4	4	2	10
10	贵州	11	1	-	12
11	云南	11	6	3	20
12	西藏	1	5	1	7
13	陕西	-	1	-	1
14	甘肃	4	-	-	4
15	新疆	7	3	1	11
16	台湾	1	1	-	2
	合计	61	27	12	100

第四节　语言文化交流合作

以全球视野、世界眼光做好语言文字工作,是中国国际化发展赋予语言文字事业的时代使命。2016年,国家语言文字事业坚持"走出去"和"请进来"相结合的原则,深入开展语言文字交流合作,进一步推进汉语的国际传播和全球华文教育,为中华文化"走出去"发挥了应有作用。

一、两岸语言文化交流合作

海峡两岸的汉语汉字同宗同祖,加强两岸语言文字交流合作,对加强两岸经济人文交流、发展两岸关系、促进文化认同和民族认同,具有重要意义。2016年,两岸语言文字交流合作取得丰硕成果。

"汉字简繁文本智能转换系统"(第二期)研发完成。该系统是教育部、国家语委落实《第五届两岸经贸文化论坛共同建议》的重要举措,对促进海峡两岸及港澳地区民众沟通、信息交流和经济文化教育等各领域发展都具有重要意义。

两岸合编中华语文工具书发布大陆版《中华语文大词典》(试印本)。该词典在2012年两岸合编的《两岸常用词典》《两岸通用词典》基础上扩充字头和词条编成,收字头1.1万多个,其中包括大陆《通用规范汉字表》中的8,105个字和台湾《国字标准字体母稿》中的常用字和次常用字,收录两岸共同使用的同中有异、同实异名、同名异实、属于一方特有的词条9万多条,共10万多条目。

两岸大学生汉字书法艺术交流夏令营等活动推进两岸语言文化交流进一步加深。来自陕西和台湾的10多所高校的100名大学生于7月12日至20日在西安参加了汉字书法艺术讲座、书法教学、书法创作展示、观摩碑林等活动,通过体验式交流,了解两岸语言文字使用和交流现状,体验两岸语言文字与文化的"同根同源",增进理解信任,共同珍惜、尊重和传承中华优秀语言文化,增强对中华文化的热爱和认同。

第一部从语言文化角度反映两岸关系的文化专题片《潮平两岸阔》受到社会高度评价。该片以两岸语言文字发展变化为线索,全景展现了不同历史时期两岸语言文字状况和成因，以及两岸语言文化交流所取得的巨大成果，深刻诠释了两岸同文同语、休戚与共的主题。2016年8月14日在中国教育电视台一频道、10月25日在中央电视台四套播出后，在海峡两岸以及海外华人中引起强烈反响和文化共鸣，荣获"2016年度全国十大纪录片奖"。

二、港澳普通话水平培训测试

（一）香港普通话水平测试情况

2016年是国家普通话水平测试在香港开展20周年。1996年至今，香港参加普通话水平测试的各界人士累计近12万人次。年均测试人数由1996年的141人次，发展到2016年的7,338人次。见图4.4.1。

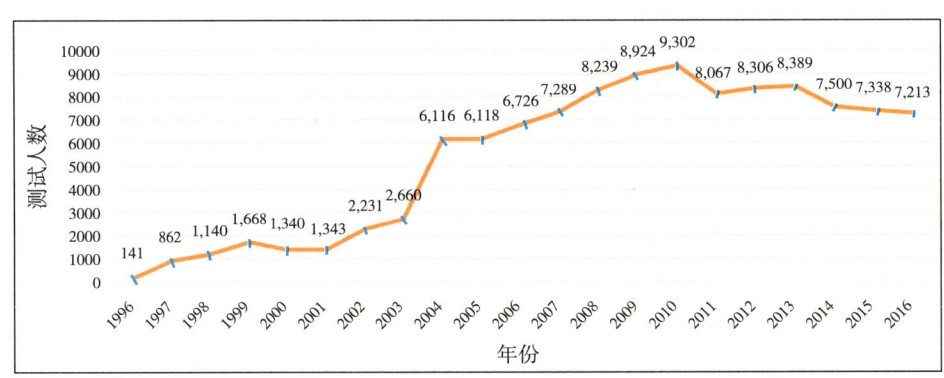

图4.4.1　香港普通话水平测试人数年度变化趋势（1996—2016年）

国家普通话水平测试已成为香港参加人数最多、享有良好声誉、社会影响广泛的普通话考试，成为香港特区政府持续进修基金、教师语文能力（普通话科）评核等所认可的权威测试。

普通话水平测试在香港受到民众的广泛认可，参加测试的应试者涵盖各个社会阶层，甚至有超过70岁的年长者参加测试。应试者的职业主要分为教育行业、服务行业、文职人员、技术人员、行政管理、学生等。以2016年为例，在香港参加普通话水平测试的应试者中，学生占测试总人数的28%，教育行业的占测试总人数的19%，文职人员占14%，服务行业的占8%，行政管理人员占5%，技术人员占5%，其他人员（包括家庭主妇和退休、无工作人员等）也占有相当的比例，为21%。具体见图4.4.2。

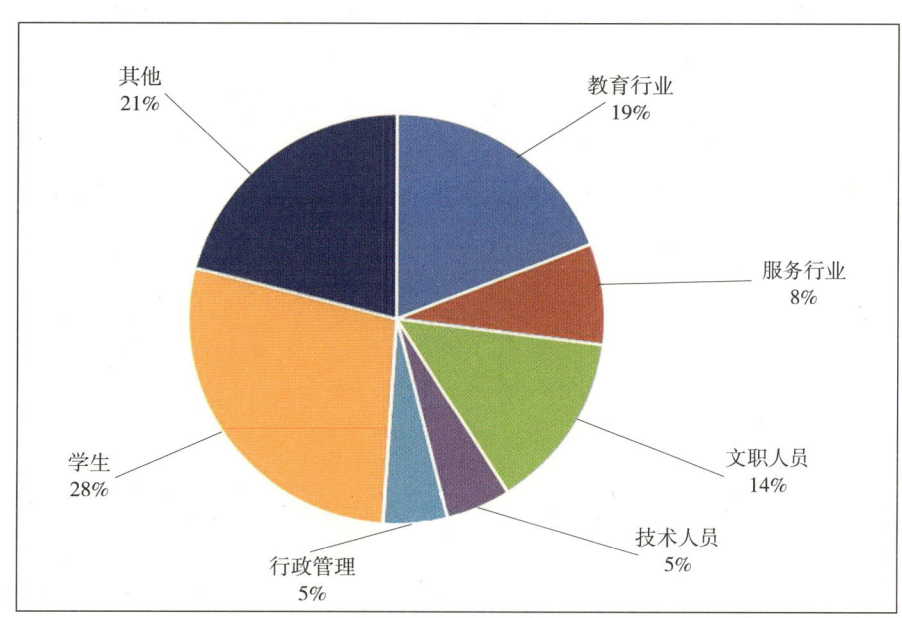

图 4.4.2　2016 年香港普通话水平测试应试者职业分布

自 1996 年起,经教育部、国家语委批准,国家语委普通话与文字应用培训测试中心(以下简称国家测试中心)先后与 14 家香港高校(或机构)签订了合作协议,合作开展普通话培训测试及科研工作,见表 4.4.1。这些合作机构包括香港 12 所高校以及香港考评局、职业训练局等权威机构。所有高校均在校内设立了专门的普通话教学与测试机构,面向本校师生开展普通话教学和国家普通话水平测试,并逐步把普通话培训测试服务拓展至香港社会各界,对香港社会推广普及普通话发挥了强大的辐射作用。

表 4.4.1　香港签约普通话测试高校等机构一览

序号	高校等机构	签约时间
1	香港大学	1996
2	香港教育大学	1997
3	香港树仁大学	1997
4	香港中文大学	1998
5	岭南大学	2000
6	香港城市大学	2005
7	香港科技大学	2006
8	香港公开大学	2007

（续表）

序号	高校等机构	签约时间
9	香港浸会大学	2007
10	香港理工大学	2009
11	珠海学院	2010
12	职业训练局	2011
13	香港考试及评核局	2012
14	恒生管理学院	2013

20年来，国家测试中心先后为香港各高校培养了143名国家级普通话水平测试员。这些测试员大多是香港高校普通话教学领域的一线骨干教师，约六成具有博士或硕士学位，他们既参与国家普通话水平测试，更是香港普通话教学的"种子教师"。

为满足香港社会各界学习普通话的需求，各高校先后开设普通话水平测试强化训练课程，各种类型的普通话正音班、朗读训练班，以及普通话教育文学硕士学位课程、普通话科荣誉学士学位副修课程、教师普通话能力提升课程等各类课程数十种，累计培训10多万人次。

随着近年来推普工作的进一步深入，香港民众的普通话水平测试成绩也在逐年提高。考获二级甲等（中级水平，87分—91.9分）和二级乙等（中级水平，80分—86.9分）的比例持续增长，三级乙等（低级水平，60分—69.9分）和不入级的（60分以下）比例显著下降，见表4.4.2。

表4.4.2 香港普通话水平测试成绩年度变化（1996—2016年）

等级	1996-1998	1999-2001	2002-2004	2005-2007	2008-2010	2011-2013	2014-2016
一级甲等	1.08%	0.31%	0.15%	0.04%	0.03%	0	0
一级乙等	12.36%	8.56%	6.10%	3.63%	5.43%	6.50%	5.60%
二级甲等	15.88%	15.05%	9.50%	7.38%	10.81%	12.45%	14.40%
二级乙等	23.35%	27.66%	17.70%	15.83%	22.79%	26.69%	28.07%
三级甲等	32.18%	30.26%	27.85%	29.16%	30.34%	32.21%	34.10%
三级乙等	14.89%	14.95%	24.60%	28.88%	19.09%	16.09%	15.14%
不入级	0.26%	3.21%	14.10%	15.08%	6.55%	4.08%	2.69%

2016年，考取一级乙等成绩（高级水平，92分—96.9分）应试者的比例为

5%；考获二级甲等的应试者比例为15%；二级乙等的比例为31%，三级甲等的比例为32%，三级乙等的比例为15%，不入级的比例为2%。其中获得二级乙等和三级甲等的应试者最多，占了测试总人数的63%。反映出随着香港与内地交流的日益密切以及普通话水平测试、教学培训工作的逐渐深入，香港民众为了提升竞争力，努力学习普通话，并取得显著成果。见图4.4.3。

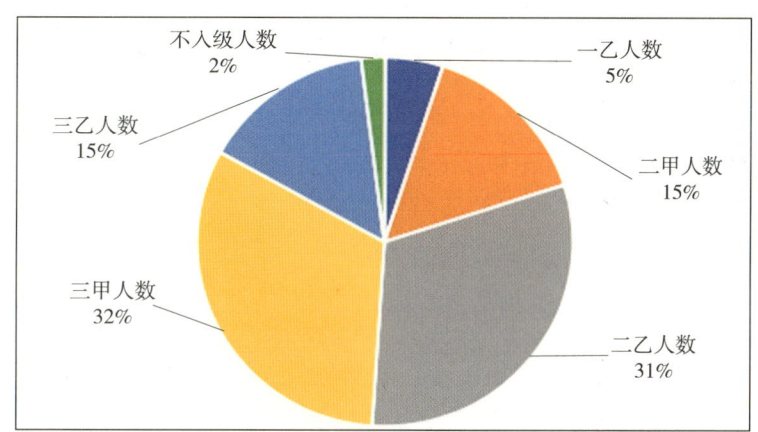

图4.4.3　2016年香港普通话水平测试成绩分布

（二）澳门普通话水平测试情况

截至2016年，国家测试中心在澳门累计测试2,123人次（2016年度测试人数为387人次，创历史新高），培养澳门地区的测试员22名，为澳门高校及教青局、高教办等组织来京进行普通话课程及语言活动的学生提供测试近百场，见图4.4.4。

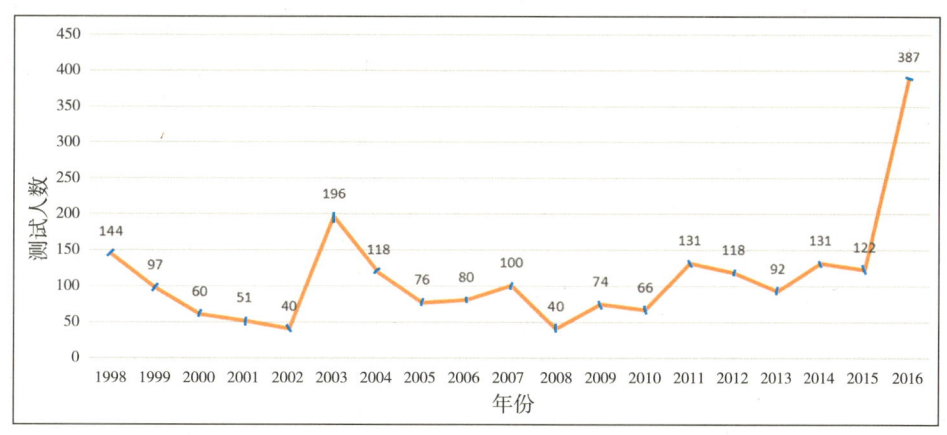

图4.4.4　澳门普通话水平测试人数年度变化趋势（1998—2016年）

第四章 中华优秀语言文化传承传播

为满足澳门社会学习、掌握、测量普通话的需求,国家测试中心在1998年与澳门理工学院签约,合作开展普通话水平测试。2001年,国家测试中心还曾与澳门大学合作建立澳门大学普通话水平测试中心,开展普通话专业培训、测试和科研工作。

三、汉语国际教育

(一) 孔子学院建设

孔子学院是中外合作建立的非营利性教育机构,致力于适应世界各国(地区)人民对汉语学习的需要,增进世界各国(地区)人民对中国语言文化的了解,加强中国与世界各国教育文化交流合作,发展中国与外国的友好关系,促进世界多元文化发展,构建和谐世界。

2016年,新建84所孔子学院和中小学孔子课堂,新增乌拉圭、苏里南、毛里求斯、安道尔、卢森堡、巴拿马6个国家,目前,已在140个国家(地区)建立511所孔子学院和1,073个中小学孔子课堂。现有注册学员210万人(含网络孔子学院注册学员55万人),中外专兼职教师4.6万人,基本形成了多层次、多样化、广覆盖的孔子学院布局。其中,"一带一路"沿线共有51个国家(地区)开设了134所孔子学院和130个中小学孔子课堂,欧盟28国、中东欧16国实现全覆盖,见表4.4.3。

表 4.4.3 全球孔子学院(课堂)分布情况

洲别	国家(地区)数	孔子学院数	孔子课堂数
亚洲	33	115	98
非洲	37	48	27
欧洲	43	170	295
美洲	22	160	554
大洋洲	5	18	99
合计	140	511	1,073

2016年累计培训派出中方院长、汉语教师和志愿者9,622人,赴143个国家(地区)的孔子学院及其他汉语教学机构工作。招收111个国家(地区)4,914名

第四节　语言文化交流合作

孔子学院奖学金学生，主要用于培养本土新师资。开展《国际汉语教师证书》考试认证，全球2万多名教师参加，中方派出教师基本实现持证上岗。《汉语图解词典》《汉语800字》等工具书多语种翻译出版今年新增19个语种，总数达64个，基本实现孔子学院所有国家主要语种全覆盖。"孔子学院数字图书馆"注册用户覆盖177个国家（地区），建成"中外文化差异案例库"，收录案例1万多个。向108个国家（地区）赠送汉语教材和文化读物52万册，支持和指导各国孔子学院编写本土教材和文化读物达2,019册。出版中文和英、法、西、阿拉伯、德、俄、葡、韩、意、泰、日11个外语语种对照版的《孔子学院》期刊66期，每期发行量达4.5万册。网络孔子学院积极推广慕课教学，注册学员59.7万人。

在坚持汉语教学的同时，全球孔子学院和课堂立足学校，面向社区，举办丰富多彩的文化活动和当代中国学术讲座，2016年全球各国孔子学院共举办各类文化交流活动4.1万场，受众达1,300万人。成功举办"汉语桥"第十五届世界大学生、第九届世界中学生中文比赛，120多个国家（地区）16万名青少年参加预决赛。接待1.55万名"汉语桥"各国教育官员访华团组和大中小学校长、师生来华夏（冬）令营，亲身体验中华文化。组织中方高校25个学生团组，分赴27个国家（地区）118所孔子学院举办文艺巡演。参加伦敦书展、法兰克福书展等11个国际书展，"中国孩子的书香世界展"，受到热烈欢迎。孔子学院总部以"多元文化在丝路"为主题，举办第三届总部"开放日"，全球350多所孔子学院举办"孔子学院日"活动，50多万各国民众踊跃参加。

实施"孔子新汉学计划"，招收51个国家（地区）212名青年学生和各界青年领袖来华攻读博士学位或访学研修。组织55名专家学者赴20多个国家（地区）高校开设当代中国研究学分课程。支持柬埔寨、蒙古等国孔子学院翻译出版《习近平治国理政》，资助82个国家（地区）241所孔子学院开展488项中华文化、当代中国课题研究和著作出版，如翻译首个《史记》瑞典语版、《本草纲目》德语版。举办第五届世界汉学大会，17个国家（地区）155名专家学者围绕"比较视野下的汉学：传统与革新"主题进行深入交流。

12月10日至11日，第十一届全球孔子学院大会在昆明举行。刘延东副总理出席开幕式作主旨演讲，为先进孔子学院（课堂）、先进个人和先进中方承办院校颁奖，主持召开总部理事会会议并作重要讲话。大会以"创新、合作、包容、共享"为主题，共设立14个校长和院长论坛，并套开孔子学院与"一带一路"建设圆桌会，中医、武术和太极文化座谈会等7个专题会，来自130多个国家（地区）的大学校长和孔子学院代表共计 2,200 多人参加会议,很多代表纷纷称赞全球孔子学院大会是"世界教育达沃斯"。

(二) 汉语在全球的影响力

2016 年,在孔子学院的引领示范和带动影响下,新增意大利、罗马尼亚、土库曼斯坦、赞比亚、坦桑尼亚 5 国将汉语教学纳入国民教育体系。截至目前,共有 67 个国家(地区),通过颁布法令、政令、教学和课程大纲等形式,将汉语教学纳入国民教育体系,170 多个国家(地区)开设汉语课或汉语专业,全球汉语学习人数超过 1 亿人。日本、韩国、泰国、印尼、蒙古、澳大利亚、新西兰等国的汉语均上升为第二外语。美国开设汉语课的大中小学达 5,000 多所,学生人数达 50 万人,全美学习使用汉语人数达 300 万人。英国从政府到民间全方位推动汉语教学,拨款 1,000 万英镑推出"培优计划",现有学汉语学生人数 20 万,计划到 2020 年达 40 万人。泰国 3,000 多所中小学开设汉语课程,学生超过 100 万人。德国总理、比利时首相、爱尔兰总统、黑山总统、塞舌尔总统、格鲁吉亚总统、巴基斯坦总理、保加利亚总理、委内瑞拉总统、泰国诗琳通公主、英国安德鲁王子等多国政要,纷纷出席孔子学院有关活动,热情称赞孔子学院为增进中外人民相互了解和友谊,推动教育文化交流、促进国家关系发展所做出的积极贡献。

(三) 汉语水平考试

汉语水平考试是为测试母语非汉语者的汉语水平而设立的一项国际汉语能

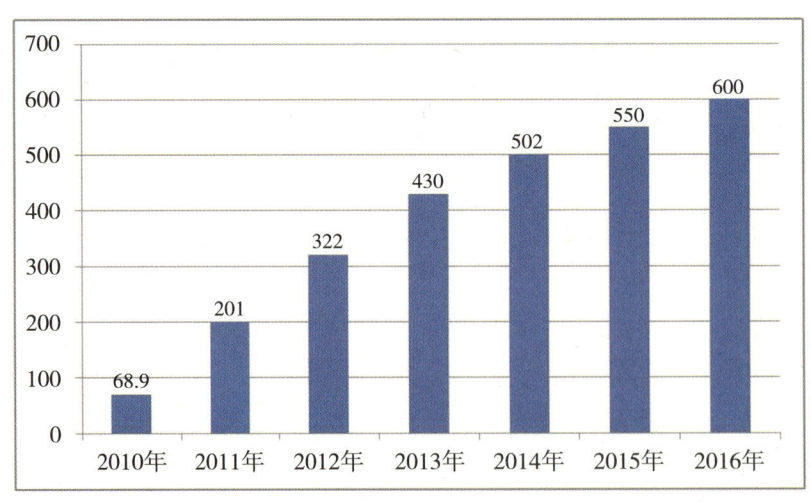

图 4.4.5 汉语水平考试人次(2010—2016 年)(单位:万)

力标准化考试。中国教育部设立国家汉语水平考试委员会,该委员会全权领导汉语水平考试,并颁发汉语水平证书。

2016年,新增考点93个,其中海外61个、国内32个,新增国家4个。截至目前,全球考点达1,066个,覆盖125个国家(地区)。海外考点中,孔子学院(独立孔子课堂)考点454个(新增33个)。其中,提供机网考服务的考点达380个,占全球考点数的35%。全球各类汉语考生达600万人次,见图4.4.5(见上页)。

(四) 汉语口语水平测试

汉语口语水平测试是针对母语非汉语人群及海外华人华侨的口语类水平测试。测试实现考用统一,采用人机对话的口试方式,从生活领域层次的不同、交际能力的大小、文化认知水平的高低三个维度考查应试人汉语口语水平。

目前,全国11个省(区、市)成为汉语口语水平测试试点地区;美国、加拿大、澳大利亚、新西兰、日本、韩国、德国、法国、西班牙、葡萄牙、马来西亚、印度尼西亚、新加坡、泰国等国家也已合作开展汉语口语水平测试工作。

截至2016年,累计测试48,568人次。见表4.4.4。考生来自五大洲56个国家及地区。见表4.4.5。

表4.4.4 汉语口语水平测试历年参测人次

年份	人次
开测—2013年	38,210
2014年	4,472
2015年	3,217
2016年	2,669
合计	48,568

表4.4.5 汉语口语水平测试参测人士地域分布

大洲	国家及地区数(个)
亚洲	16
美洲	13
欧洲	21
大洋洲	3
非洲	3

四、华文教育

华文教育是面向广大华侨华人特别是华裔青少年群体开展中华语言文化教育与传承的工作,被形象地誉为海外华社的"留根工程"、中华文化在海外的"希望工程"。2016年,华文教育事业取得新发展。

第四章 中华优秀语言文化传承传播

（一）华文学校

中国人移居海外的历史十分悠久，规模也比较庞大。根据最新统计，目前有6,000多万华侨华人广泛分布在世界上近200个国家和地区。华文教育与华侨华人社会相生相伴、相依相偎，也走过了十分不平凡的发展历程。据不完全统计，截至2016年，世界各地有各类华文学校（中文学校）近2万所，在职华文教师（含专、兼职）数十万人，在校学生（含华裔与非华裔）数百万人。

从类型上看，华文学校主要分为周末制和全日制两大类。其中，周末制华校大多利用课后或周末时间来教授汉语和中华文化，主要集中在欧美、澳新等国家和地区；全日制华校则每天都安排有汉语课程，大多分布在东南亚地区。近年来，欧美地区的周末制华校积极顺应"汉语热"大趋势和新要求，或积极尝试创办全日制华校和中文国际学校，或增加汉语课程的开课频率，或与当地主流学校合作，在主流学校原有的教学安排中增设汉语课程。

从学制和规模上看，华文学校基本涵盖了幼儿园到中学整个基础教育阶段，有的国家（如马来西亚、菲律宾）甚至延伸到了大专及以上层次。华文学校的办学规模普遍为二三百人，小的也有数十人的华文补习班或百余人的新兴华校，大的则多在五六千人，甚至过万。柬埔寨的端华学校有各类学生约1.6万人，是目前海外规模最大的华文学校。

（二）教材与师资建设

在继续完善主干教材体系的同时，努力满足海外华校教育教学需求，重点加快推进"本土化"教材编写工作，先后启动了高中版通用型《中文》教材、欧洲小学版《中文》、中亚地区小学版《天山华语》、澳大利亚高中版《中文》以及柬埔寨小学版《写作》和初中版《华文》等多套华文教材的编写工作。全年累计向40多个国家和地区发行各类华文教材近400万册。

继续通过"请进来""走出去"等方式开展长、短期专题培训与学历教育，共培训了近1.4万名华文教师、华校校长及管理人员，有效提升了华文教师的教学水平和华校领导层的管理水平。

继续把选派国内优秀教师赴海外支教作为支持华文学校发展的重要举措，并特别注意加强了外派教师的行前培训。全年共选派了1,000多位优秀教师赴28个国家的数百所重点华校任教。目前，外派教师已基本实现了职能转变，更多地从一线课堂教学转向了示范教学、培训教师、教学督导和教务管理等方面。

2016年4月,正式成立"国务院侨办首届华文教育专家委员会",并组织召开了第一次全体会议。首届华文教育专家委员会共由27位海内外具有较高知名度的专家学者和资深华文教育工作者组成。它的成立,将有力地加强对华文教育"三化"建设的专业指导,更为今后开展各类华文教育认证提供了权威依据。

(三) 寻根文化活动

继续根据海外华裔青少年群体的身心特点,不断创新文化体验活动方式,持续丰富文化体验活动内涵,组织举办了"中国寻根之旅"、中华文化大乐园、中华文化知识竞赛、华文少年作文比赛等丰富多彩的活动。全年举办的各类文化体验活动共吸引了近12万名华裔青少年踊跃参加,进一步提高了他们学习中华语言文化的兴趣,增进了他们对中国和中华文化的了解与认知。

(四) "互联网+华文教育"工程

2016年,正式启动实施"互联网+华文教育"工程,以华文教育"百宝盒"、中国华文教育网为主要平台,重点打造"客厅中文学校"。全年共向30多个国家和地区的海外华校和华教组织提供了2,000多台"百宝盒",让数以万计的华裔青少年足不出户,就能快捷、方便地学习中华语言文化。

五、中外语言文字交流合作

为加强语言文字国际交流与合作,促进语言文字工作科学发展,展示中国语言政策的成绩和特色,国家语委积极配合中法、中德语言年的工作,先后举办了两届"中法语言政策与规划国际研讨会"和一届"中德语言文化政策高层论坛"。此外,国家语委专设语言文字国际高端专家来华交流项目,邀请国际著名语言学者来华开展学术交流。多形式、多渠道的合作交流,提升了我国语言文字事业的国际声誉。

(一) 中法语言文字交流合作

2010年11月,中法两国共同宣布,将互办语言年。"中法语言年"是双向互办,包括在中国举办"法语语言年"和在法国举办"汉语语言年"。2011年7月,

"汉语语言年"在巴黎启动,历时18个月,活动300多项,涉及法国60座城市、700余所大中小学和孔子学院。2011年9月,中国的"法国语言年"在北京语言大学启动,此后,双方在北京、上海、广州、长春、武汉等地举办了丰富多彩的活动。2012年9月3日,首届中法语言政策与规划国际研讨会在北京召开。2014年9月29日,第二届中法语言政策与规划国际研讨会在巴黎召开。

2016年11月1日至2日,第三届中法语言政策与规划国际研讨会在北京召开。会议主题为"语言发展与文化多样性",来自中法及法语国家(地区)的政府官员及专家学者共200余人出席了开幕式。中国国务院副总理、中法高级别人文交流机制中方主席刘延东,法国外长、中法高级别人文交流机制法方主席让-马克·艾罗向研讨会致信祝贺。教育部副部长、国家语委主任杜占元,法国文化与通讯部法语总司司长罗伊克·德佩克出席研讨会开幕式并讲话。"中法语言文化交流与合作成果展"同期在北京举行,中法两国在京签署《语言政策交流合作协议》,中法语言文字双边国际交流更加深入。

(二) 中德语言文字交流合作

2012年8月,在中国与德国建交40周年之际,两国总理一致同意深化人文领域交流,举办"中德语言年",充分发挥两国各类机构在相关领域的经验与优势,促进两国语言文化交流。2013年5月,"中德语言年"在德国揭幕,一系列内容丰富、形式多样的活动在两国展开。2013年12月8日,"中德语言文化政策高层论坛"在北京外国语大学举行,论坛以"语言——中德文化之桥"为主题,聚焦中德语言文化政策,旨在进一步加深对中德语言和文化的理解,促进两国人民的沟通和友谊。

2015年3月30日至4月6日,"中德语言文化研习之旅"在中国举行。活动邀请了德国语言研究院院长艾辛格(Ludwig M. Eichinger)教授、哥廷根大学孔子学院院长韩可龙(Henning Klöter)教授、海德堡大学新语文学学部主任费尔德(Ekkehard Felder)教授等8位德国语言文字研究领域的著名专家,以及来自北京师范大学、暨南大学、北京外国语大学等高校的多位中国专家,先后在北京、河南、云南、江苏等4省份开展了近30场形式多样的交流考察活动。活动主题涉及残疾人语言文字权利保障、中华文字发展历史、民族语言文化多元和谐、方言的科学保护等。活动增进了德国学术界对我国语言国情、语言政策和语言文字工作的了解,促成中德双方在推进中国学术走出去和中西对话、维护语言文化多样性、加强高层次人才培养、用数字化方式记录语言、强化学术交流等方面达成了合作意向,较好地实现了深化中德交流、增进双方理解、推动互利合作的预期目标。

(三)语言文字国际高端专家来华交流项目

为进一步推进语言文字工作的对外开放,通过多种途径加强语言文字的对外交流和传播,加大专家队伍培养力度,加强应用语言学学科建设,国家语委从2013年起实施"语言文字国际高端专家来华交流项目",不定期邀请一批国际上从事语言文字应用研究的高端专家来华开展学术交流,以借鉴国外语言文字研究成果,加强国家语委科研机构和专家队伍建设,提升我国语言文字工作的国际交流与合作水平。截至2016年,国家语委科研机构等单位共邀请14位国际知名的语言政策、语言规划专家来华交流。

第五章 语言文字治理体系建设

新中国成立以来,国家语言文字事业发展经历了三个阶段:文化普及驱动的文字改革阶段,以语言文字规范化标准化及应用管理为核心的语言文字工作阶段,以构建和谐语言生活为目标的语言文字治理阶段。语言文字治理,是指国家与政府各部门、社会各领域乃至家庭和个人围绕"使语言文字在国家建设、社会发展、民生进步中更好发挥作用"的共同目标,依据法律法规设定的行动准则和一定的制度安排,立足各自所处方位,共同发挥应有作用。建设并不断完善语言文字治理体系是国家语言文字事业贯彻党的十八届三中全会"推进国家治理体系和治理能力现代化"精神的必然要求,也是落实《国家语言文字事业"十三五"发展规划》"向现代治理转型"要求的重要任务。

2016年,国家语委大力加强语言文字法治建设,以城市语言文字工作评估、语言文字规范化示范校创建、语言文字工作督导评估等为措施,推动各领域主管部门和地方语言文字工作部门依法行政、依法管理,同时不断完善事业发展保障体系,努力形成"语委统筹、部门协同、专家支持、社会参与"的工作格局,以及"自上而下与自下而上双向互动,法律、行政、宣传、教育、服务、引导等多手段齐头并进"的语言生活治理格局。

第一节 语言文字法律体系

新中国成立以来,我国制定颁布了一系列语言文字法律法规,同时有一大批法律法规包含关于语言文字问题的条款规定。据国家语言文字政策研究中心[①]的统计,截至2016年,这些法律法规总计近2,200项,覆盖宪法、法律、法规、规章和规范性文件。

[①] 国家语委科研机构之一,设在上海市教育科学研究院。

第五章 语言文字治理体系建设

一、《宪法》中的语言文字条款

作为国家的根本大法,我国的《宪法》有 4 条关于语言文字问题的条款规定,分别为第四条、第十九条、第一百二十一条和第一百三十四条。内容涉及各民族使用和发展本民族语言文字的自由,国家推广全国通用的普通话,民族自治地方自治机关的语言使用,以及公民用本民族语言文字进行司法诉讼的权利。具体见表 5.1.1。

表 5.1.1 《宪法》中的语言文字条款

序号	法条	具体规定
1	第四条第四款	各民族都有使用和发展自己的语言文字的自由,都有保持或者改革自己的风俗习惯的自由。
2	第十九条第五款	国家推广全国通用的普通话。
3	第一百二十一条	民族自治地方的自治机关在执行职务的时候,依照本民族自治地方自治条例的规定,使用当地通用的一种或者几种语言文字。
4	第一百三十四条	各民族公民都有用本民族语言文字进行诉讼的权利。人民法院和人民检察院对于不通晓当地通用的语言文字的诉讼参与人,应当为他们翻译。 在少数民族聚居或者多民族共同居住的地区,应当用当地通用的语言进行审理;起诉书、判决书、布告和其他文书应当根据实际需要使用当地通用的一种或者几种文字。

二、语言文字法律

我国的法律包括两个层级:一是由全国人大制定的"基本法律",二是由全国人大常委会制定的"一般性法律"。

(一) 包含语言文字法条的基本法律

目前,我国还没有专门针对语言文字问题的基本法律,但有 6 部基本法律包含语言文字法条规定,法条内容主要涉及司法诉讼中的公民语言权利保障,学校的教学语言及学校应当推广使用全国通用的普通话和规范汉字,以及特别行政区可以自行规定学校的教学语言。具体见表 5.1.2。

表 5.1.2　包含语言文字法条的基本法律（按首次发布时间排序）

序号	法律名称
1	中华人民共和国刑事诉讼法
2	中华人民共和国行政诉讼法
3	中华人民共和国香港特别行政区基本法
4	中华人民共和国民事诉讼法
5	中华人民共和国澳门特别行政区基本法
6	中华人民共和国教育法

（二）一般性法律

1.《国家通用语言文字法》

《国家通用语言文字法》是目前我国唯一一部专门针对语言文字的法律，也是目前我国层级最高的语言文字专项法律。该法规定普通话、规范汉字为国家通用语言文字，立法宗旨和核心内容是推广普通话、推行规范汉字、推行《汉语拼音方案》。该法 2000 年 10 月 31 日由第九届全国人民代表大会常务委员会第十八次会议通过，自 2001 年 1 月 1 日起施行。

2016 年，《国家通用语言文字法》实施 15 周年。国家语委于 9 月 12 日召开纪念《国家通用语言文字法》实施 15 周年暨国务院发布《关于推广普通话的指示》60 周年座谈会，中共中央政治局委员、国务院副总理刘延东出席会议并发表重要讲话。刘延东在讲话中对《国家通用语言文字法》颁布 15 年来语言文字工作取得的成绩给予了充分肯定，对"十三五"时期国家语言文字事业发展提出了明确要求。刘延东强调指出，语言文字工作要服务国家需求，做好顶层设计，坚持改革创新，发挥语言文字事业在提高国民素质、传承历史文化、促进经济社会发展、维护国家统一和民族团结中的重要作用，开创语言文字事业发展新局面。

2. 包含语言文字法条的其他一般性法律

截至 2016 年，我国有 11 部一般性法律包含语言文字法条规定，内容主要涉及司法诉讼中的公民语言权利保障，少数民族语言文字使用规范要求，残障人士语言权利保障等。具体见表 5.1.3。

表 5.1.3　包含语言文字法条的其他一般性法律（按首次发布时间排序）

序号	法律名称
1	中华人民共和国人民法院组织法
2	中华人民共和国民族区域自治法
3	中华人民共和国义务教育法
4	中华人民共和国著作权法
5	中华人民共和国全国人民代表大会和地方各级人民代表大会代表法
6	中华人民共和国广告法
7	中华人民共和国治安管理处罚法
8	中华人民共和国农村土地承包经营纠纷调解仲裁法
9	中华人民共和国驻外外交人员法
10	中华人民共和国非物质文化遗产法
11	中华人民共和国旅游法

三、语言文字法规

我国法律体系中的法规包括两种情形：由国务院制定的"行政法规"，由地方各级人大及其常委会制定的"地方性法规"（包括"民族自治条例"和"单行条例"）。

（一）包含语言文字法条的行政法规

目前我国还没有专门针对语言文字的行政法规，但有 20 部行政法规包含语言文字法条规定，法条内容主要涉及推广普通话、司法诉讼中的公民语言权利保障、少数民族语言教育与能力要求等。具体见表 5.1.4。

表 5.1.4　包含语言文字法条的行政法规（按首次发布时间排序）

序号	法规名称
1	外国民用航空器飞行管理规则
2	外语翻译干部职称暂行规定
3	地名管理条例
4	扫除文盲工作条例
5	幼儿园管理条例

(续表)

序号	法规名称
6	计算机软件保护条例
7	中华人民共和国搜寻援救民用航空器规定
8	民族乡行政工作条例
9	城市民族工作条例
10	国务院关于股份有限公司境内上市外资股的规定
11	广播电视管理条例
12	导游人员管理条例
13	中华人民共和国专利法实施细则
14	行政法规制定程序条例
15	出版管理条例
16	中华人民共和国著作权法实施条例
17	中华人民共和国中外合作办学条例
18	国务院实施《中华人民共和国民族区域自治法》若干规定
19	信息网络传播权保护条例
20	诉讼费用交纳办法

（二）语言文字地方性法规

截至 2016 年，我国共有 49 部语言文字地方性法规。其中，国家通用语言文字地方性法规 23 部（主要为《国家通用语言文字法》实施办法，部分是关于国家通用语言文字使用管理的条例），少数民族语言文字地方性法规 23 部，同时针对国家通用语言文字和少数民族语言文字的综合性地方性法规 3 部。少数民族语言文字地方性法规及综合性地方性法规涉及的语种主要包括蒙古文、藏文、彝文、哈萨克文和朝鲜文。具体见表 5.1.5。

表 5.1.5　语言文字地方性法规

内容	制定单位	数量	地方
国家通用语言文字	省级人大	22	安徽、北京、福建、甘肃、贵州、广西、海南、河北、黑龙江、湖北、湖南、吉林、江苏、江西、辽宁、内蒙古、山东、山西、陕西、上海、云南、重庆
	省会人大	1	贵阳

(续表)

内容	制定单位	数量	地方
少数民族语言文字	省级人大	3	西藏、内蒙古、云南
	自治区首府人大	1	呼和浩特
	市州级人大	10	玉树藏族自治州、果洛藏族自治州、延边朝鲜族自治州、甘孜藏族自治州、甘南藏族自治州、海北藏族自治州、黄南藏族自治州、凉山彝族自治州、海西蒙古族藏族自治州、海南藏族自治州
	县级人大	9	杜尔伯特蒙古族自治县、阿克塞哈萨克族自治县、天祝藏族自治县、前郭尔罗斯蒙古族自治县、喀喇沁左翼蒙古族自治县、肃北蒙古族自治县、峨边彝族自治县、马边彝族自治县、阜新蒙古族自治县
综合性	省级人大	1	新疆
	市州级人大	2	包头、巴音郭楞蒙古自治州
合计		49	

（三）包含语言文字法条的其他地方性法规

据不完全统计，截至2016年，我国包含语言文字法条的其他地方性法规多达280多部。立法事项主要涉及教育和未成年人保护，少数民族权益保护，妇女儿童和残疾人权益保护，地方志和民间文化、非物质文化遗产保护，司法鉴定、法制宣传教育等法治建设，人大议事规则等政治制度建设，广告、价格、合同监督、反不正当竞争等市场监管以及旅游管理等。其中关于语言文字的法条内容主要涉及推广普通话、推行规范汉字、少数民族语言权利保障及规范管理、国家通用语和少数民族语双语教育等。

四、语言文字规章

我国法律体系中的规章包括两种情形：一是由国务院组成部门制定的"部门规章"，二是由地方政府制定的"地方政府规章"。

（一）语言文字部门规章

截至2016年，教育部、国家工商总局和新闻出版总署（原）颁布了6部语言文字部门规章。具体见表 5.1.6。

表 5.1.6 语言文字部门规章

序号	规章名称	发布主体
1	普通话水平测试管理规定	教育部
2	汉语作为外语教学能力认定办法	教育部
3	中国汉语水平考试（HSK）办法	教育部
4	中华人民共和国教育部"中国语言文化友谊奖"设置规定	教育部
5	广告语言文字管理暂行规定	国家工商总局
6	出版物汉字使用管理规定	新闻出版总署

（二）语言文字地方政府规章

截至 2016 年，我国各级地方政府共发布了 21 部语言文字政府规章。具体见表 5.1.7。

表 5.1.7 语言文字地方政府规章

内容	制定单位	数量	地方
《国家通用语言文字法》实施办法	省级政府	7	天津、河南、青海、四川、浙江、广东、宁夏
社会用字管理规定	省级政府	4	天津、重庆、山东、云南
	省会、自治区首府和计划单列市政府	9	贵阳、南昌、青岛、深圳、太原、长沙、乌鲁木齐、哈尔滨、西安
外国语言文字管理规定	省级政府	1	上海
	合计	21	

（三）包含语言文字法条的其他规章

据不完全统计，截至 2016 年，我国包含语言文字法条的其他部门规章有 110 余部，立法事项涉及各部门的行业管理工作，其中关于语言文字的法条内容主要涉及推广普通话、推行规范汉字、少数民族语言权利保障及使用场合要求、规范使用外文、外语能力要求等。

据不完全统计，截至 2016 年，我国包含语言文字法条的其他地方政府规章有 20 余部，立法事项主要涉及户外广告管理、星级饭店管理、公共信息标志标准化管理、导游人员管理、市场管理、少数民族工作、气象灾害预警信号发布、劳动争议处理等,其中关于语言文字的法条内容主要涉及推广普通话、推行规范汉字、少数民族语言权利保障及规范管理、国家通用语和少数民族语双语教育、外语能力要求、普通话水平测试等。

五、语言文字规范性文件

据不完全统计,截至 2016 年,国务院及其各组成部门、各地方政府制定的涉及语言文字的规范性文件多达近 1,500 部,其中专门针对语言文字问题的 1,100 余部,针对其他事项而包含语言文字规定的 350 余部。内容主要涉及推广普通话、推行规范汉字、少数民族语言权利保障及使用场合要求、规范使用外文、外语能力要求、职称外语考试等。

第二节　语言文字依法管理

新世纪以来,为贯彻实施《国家通用语言文字法》,国家语委先后开展了城市语言文字工作评估、语言文字规范化示范校创建活动,实施了语言文字工作督导评估制度,推动各行业主管部门和地方语言文字工作部门依法行政,落实"条抓块管",切实加强了对重点领域语言文字的监督管理。

一、城市语言文字工作评估

为发挥城市的辐射作用,提升城市语言文字应用规范化水平,教育部、国家语委从 2001 年起在全国开展了城市语言文字工作评估。评估的目标是"普通话初步普及、汉字的社会应用基本规范"。评估的对象分为一类城市、二类城市和三类城市,一类城市指直辖市、省会、自治区首府、计划单列市等的城区部分,二类城市指地级市城区、地区行署所在地城区、一类城市所辖地级郊区(县)政府所在城镇,三类城市指县级市城区、县和一类二类城市所辖县级郊区(县)政府所在城镇。至 2012 年,全国 36 个一类城市全部通过评估。至 2016 年,全国有 374 个二类城市通过了评估,其中 23 个省(区、市)的二类城市评估完成率达到 100%;有 1,266 个三类城市通过了评估,其中 7 个省(区、市)的三类城市评估完成率达到 100%。具体见表 5.2.1。

表 5.2.1　全国城市语言文字工作评估情况

序号	省(区、市)	一类城市		二类城市		三类城市	
		达标数量	完成比例	达标数量	完成比例	达标数量	完成比例
1	北京	1	100%	10	100%	–	–
2	天津	1	100%	16	100%	–	–
3	河北	1	100%	10	100%	144	100%
4	山西	1	100%	10	100%	77	78%
5	内蒙古	1	100%	13	100%	62	76%
6	辽宁	2	100%	20	100%	17	20%

（续表）

序号	省（区、市）	一类城市		二类城市		三类城市	
		达标数量	完成比例	达标数量	完成比例	达标数量	完成比例
7	吉林	1	100%	5	56%	3	7%
8	黑龙江	1	100%	12	100%	72	100%
9	上海	1	100%	15	100%	1	100%
10	江苏	1	100%	12	100%	61	100%
11	浙江	2	100%	10	100%	61	100%
12	安徽	1	100%	16	100%	30	50%
13	福建	2	100%	9	90%	26	40%
14	江西	1	100%	10	100%	47	58%
15	山东	2	100%	20	100%	54	51%
16	河南	1	100%	17	100%	23	21%
17	湖北	1	100%	17	100%	65	97%
18	湖南	1	100%	14	100%	122	100%
19	广东	2	100%	22	100%	64	53%
20	广西	1	100%	13	100%	78	100%
21	海南	1	100%	0	0%	0	0%
22	重庆	1	100%	15	100%	14	88%
23	四川	1	100%	20	59%	4	3%
24	贵州	1	100%	8	100%	18	32%
25	云南	1	100%	14	93%	19	15%
26	西藏	1	100%	6	100%	34	46%
27	陕西	1	100%	11	100%	51	48%
28	甘肃	1	100%	13	100%	86	99%
29	青海	1	100%	1	13%	0	0%
30	宁夏	1	100%	2	50%	0	0%
31	新疆	1	100%	13	77%	33	35%
	合计与平均	36	100%	374	88%	1,266	56%

二、语言文字规范化示范校创建

学校是语言文字规范化工作的基础阵地。为提高学校语言文字规范化水平,教育部、国家语委自2004年起在全国开展了语言文字规范化示范校创建活动。推动各级各类学校全面推行国家通用语言文字,使普通话和规范汉字成为教育教学的基本用语用字,城镇学校普遍实现普通话成为校园语言,在此基础上,分国家级、省级和地市级三个层级建设一批语言文字规范化示范校。通过示范校创建活动,使《国家通用语言文字法》和国家语言文字方针政策、规范标准在教育系统广为知晓,各级各类学校形成与教育教学融为一体的语言文字工作机制,广大师生员工的语言文字规范意识普遍增强,学生的语言文字应用能力普遍提高。

截至2016年,全国共创建国家级示范校1,103所,省级示范校9,501所,地市级示范校25,881所。具体见表5.2.2。

表 5.2.2 全国语言文字规范化示范校创建情况

序号	省(区、市)	国家级示范校			省级示范校	地市级示范校
		第一批	第二批	第三批		
1	北京	12	15	7	311	476
2	天津	12	19	15	214	87
3	河北	1	15	9	531	1,774
4	山西	13	17	22	431	65
5	内蒙古	-	16	4	145	528
6	辽宁	12	16	16	374	938
7	吉林	-	15	10	274	915
8	黑龙江	-	15	13	211	769
9	上海	12	15	8	345	660
10	江苏	-	16	22	354	2,351
11	浙江	12	19	37	362	1,249
12	安徽	13	19	30	410	1,371
13	福建	-	16	22	455	810
14	江西	12	17	20	178	415

(续表)

序号	省(区、市)	国家级示范校			省级示范校	地市级示范校
		第一批	第二批	第三批		
15	山东	11	19	57	915	3,258
16	河南	-	16	36	671	2,054
17	湖北	4	18	22	466	1,193
18	湖南	-	14	20	145	586
19	广东	-	15	12	221	1,084
20	广西	12	17	15	274	556
21	海南	-	-	-	-	-
22	重庆	10	2	4	128	-
23	四川	9	14	29	181	397
24	贵州	8	12	8	229	483
25	云南	-	15	17	597	1,675
26	西藏	-	16	12	52	50
27	陕西	-	12	19	321	760
28	甘肃	12	-	12	563	1,249
29	青海	-	-	-	17	20
30	宁夏	6	15	2	81	-
31	新疆	-	11	6	45	108
	合计	171	426	506	9,501	25,881

三、语言文字工作督导评估

建立语言文字工作督导评估制度,是贯彻落实国务院加快政府职能转变、简政放权的要求,加强语言文字工作机制建设的一项创新举措,对深入推进依法行政、推动各级政府依法全面履行语言文字工作职责具有重要意义。2000年以来,全国有19个省(区、市)在贯彻落实《国家通用语言文字法》的地方法规或政府规章中规定将语言文字工作纳入教育督导评估。2013年国务院教育督导委员会办公室和教育部语言文字应用管理司联合下发《关于开展中小学校语言文字工作督导评估的通知》(教督办〔2013〕3号)后,全国19个省(区、市)制定了关于开展中小学校语言文字工作督导评估的实施方案,学校语言文字督导评估机制逐步建立。

为深入实施《国家通用语言文字法》,全面落实《国家中长期语言文字事业改革和发展规划纲要(2012—2020年)》,督促地方政府及其有关部门认真履行语言文字工作职责,进一步推动语言文字事业发展,国务院教育督导委员会办公室和国家语委根据《国家通用语言文字法》《教育督导条例》的相关规定,研究制定并于2015年8月以督导委员会办公室名义下发了《语言文字工作督导评估暂行办法》(简称《暂行办法》)。这标志着我国语言文字工作督导评估制度正式确立。

督导评估工作由县级以上人民政府教育督导部门会同语言文字工作部门组织实施,每五年一轮。督导评估内容主要包括语言文字事业发展的制度建设、条件保障、宣传教育、发展水平等4个一级指标,组织领导、政策规划、督查机制、工作机构、经费保障等13个二级指标,每个指标均有相应的分值,由此明确了督导评估要点,建立起较为完善的语言文字工作督导评估指标体系。为强化督导评估结果的运用,《暂行办法》要求各省(区、市)要建立语言文字工作激励与问责机制,将语言文字工作督导评估结果作为评价地方政府及其有关部门语言文字工作成效的重要内容,对工作成效突出的进行奖励,对职责落实严重不到位的给予通报批评。

2016年,教育部、国家语委在河北、甘肃两省试点开展了语言文字工作督导评估。10月至11月,国家语言文字工作督导评估组先后对甘肃省酒泉市所辖敦煌市、玉门市、肃州区,河北省邯郸市所辖馆陶县、邯山区语言文字工作进行了实地检查,并通过随机访谈、资料查核等进行了全面评估。经评估,两地的语言文字工作达到了《暂行办法》规定的标准。国家语言文字工作督导评估组对两地的语言文字工作都给予充分肯定,同时,对两地提出了加大语言文字法律法规宣传贯彻力度、提升语言文字规范化水平等建议。

四、重点领域语言文字监督管理

党政机关、新闻媒体、学校教育、公共服务行业是法律法规规定的国家通用语言文字当用场合,是语言文字规范使用的四大重点领域,为全社会规范使用语言文字分别发挥着"龙头"作用、示范榜样作用、基础阵地作用和"窗口"作用。

上世纪80年代以来,四大重点领域所涉及的20余个行业的主管部门,包括教育、民族管理、广播电视、新闻出版、工商、旅游、交通、商业、体育、卫生、金融、检察、人事、铁路、邮政、信息产业、文化、民政、解放军、妇联等，先后制定规章或规范性文件，对本行业推广普及、规范使用国家通用语言文字提出明确要求、做出明确规定、确立管理制度，切实加强了对重点领域语言文字的监督管理。2001年以来，随着城市语言文字工作评估的持续开展和深入推进，"条抓块管"的工作格局进一步确立，推动各行业的监督管理进一步落实到基层。如，新闻出版系统普遍建立了语言文字审读纠错制度，广电系统基本落实了播音员、节目主持人持普通话等级证书上岗制度，卫生、文化等系统将语言文字规范化要求纳入精神文明创建指标体系，为语言文字治理创设了新的载体。

第三节 语言文字事业保障体系

2016年,国家和地方各级语委进一步加强机构建设、制度建设、队伍建设,推动各级财政进一步加大经费投入,不断完善"语委统筹、部门协同,各司其职、齐抓共管"的工作机制,为保障国家语言文字事业全面、协调、可持续发展奠定了基础。

一、国家语言文字工作机构

(一)国家语言文字工作委员会

国家语言文字工作委员会是由29个党政部门、社会团体等组成的规划并统筹推进国家语言文字事业的职能部门。其前身是成立于1954年的中国文字改革委员会,1985年12月16日改名为国家语言文字工作委员会,1998年并入教育部。教育部内设语言文字应用管理司和语言文字信息管理司专门负责语言文字工作,教育部分管语言文字工作的副部长兼任国家语委主任。

国家语委的职责是:拟定国家语言文字工作的方针、政策;编制语言文字工作中长期规划;制定汉语和少数民族语言文字的规范和标准并组织协调监督检查;指导推广普通话工作。

依照"语委统筹、部门协同、专家支持、社会参与"的工作机制,国家语委每年召开一次全体委员会议,总结部署年度语言文字工作;遇有临时性重大事项,由国家语委主任召集全体委员会议,就相关事项进行专题研究部署。

国家语委委员单位具体见表5.3.1。

表 5.3.1 国家语委委员单位

序号	国家语委委员单位	简称
1	中共中央宣传部	中宣部
2	中共中央网络安全和信息化领导小组办公室	中央网信办
3	中国共产党中央军事委员会政治工作部	中央军委政治工作部

(续表)

序号	国家语委委员单位	简称
4	中华人民共和国外交部	外交部
5	中华人民共和国教育部	教育部
6	中华人民共和国科学技术部	科技部
7	中华人民共和国国家民族事务委员会	国家民委
8	中华人民共和国公安部	公安部
9	中华人民共和国国家卫生和计划生育委员会	国家卫生计生委
10	中华人民共和国工业和信息化部	工业和信息化部
11	中华人民共和国民政部	民政部
12	中华人民共和国商务部	商务部
13	中华人民共和国交通运输部	交通运输部
14	中华人民共和国文化部	文化部
15	国务院侨务办公室	国务院侨办
16	中华人民共和国国家体育总局	国家体育总局
17	中华人民共和国国家旅游局	国家旅游局
18	中华人民共和国国家新闻出版广电总局	国家新闻出版广电总局
19	中华人民共和国海关总署	海关总署
20	中华人民共和国国家质量监督检验检疫总局	国家质检总局
21	中华人民共和国国家工商行政管理总局	国家工商总局
22	中华人民共和国国家公务员局	国家公务员局
23	中国国家汉语国际推广领导小组	国家汉办
24	中国社会科学院	中国社科院
25	中国科学院	中科院
26	中华全国总工会	全国总工会
27	中国共产主义青年团中央委员会	共青团中央
28	中华全国妇女联合会	全国妇联
29	中国残疾人联合会	中国残联

（二）教育部语言文字应用管理司

教育部语言文字应用管理司（简称语用司）是教育部专司语言文字应用管理的职能司局。主要负责：拟订语言文字工作的方针、政策和中长期规划；组织实施语言文字规范化工作；监督检查语言文字的应用情况；组织推行《汉语拼音方案》，指导推广普通话工作以及普通话师资培训工作；承办国家语委的具体工作。语用司内设政策法规与督查处（国家语委办公室秘书处）、宣传推广与教育处。

（三）教育部语言文字信息管理司

教育部语言文字信息管理司（简称语信司）是教育部专司语言文字规范化标准化信息化建设与管理的职能司局。主要负责：研究并审定语言文字标准和规范，制定语言文字信息处理标准；指导地方文字规范化建设；负责少数民族语言文字规范化工作，指导少数民族语言文字信息处理的研究与应用。语信司内设规划协调处（国家语委科研规划领导小组办公室）和标准处（国家语委语言文字规范标准审定委员会办公室）。

（四）教育部语言文字应用研究所

教育部语言文字应用研究所（简称语用所）是教育部直属的科研单位，经国务院批准于1984年9月成立。主要职责是：面向教育部和国家语委的中心工作，面向现代语言文字生活的需要，面向应用语言学的学科建设，研究语言文字应用的实际问题和理论问题，研究语言文字的规范化和标准化，研究语言政策和语言规划；开展国家通用语言文字培训、测试及有关的组织规划、教学与科研工作，指导各地的培训与测试工作；为社会各界提供有关语言文字的评测与咨询服务；编辑出版《语言文字应用》，开展有关语言文字的网络建设和现代化的信息服务；培养研究生和其他相关人才。

（五）国家语委咨询协调机构

1. 国家语委咨询委员会

国家语委咨询委员会是由语言学界、信息技术界和相关学界的著名专家学者以及部分原国家语委领导同志组成的咨询机构，其职责是在语言文字方针政策、工作措施和理论学术等方面为国家语委提供咨询服务,具体任务是对国家语言文字工作的方针政策、语言规划和重大问题、热点问题以及急需解决的问题提供意见和建议,听取国家语委的年度工作通报并对下一年度工作提出意见和建议。

2. 全国推广普通话宣传周领导小组

全国推广普通话宣传周领导小组是为切实搞好每年一度的全国推广普通话宣传周活动,充分发挥宣传的集聚效应,同时进一步加强有关部委间的协调,于1999年6月经国务院批准成立的协调机构。领导小组由教育部牵头,中宣部、国家广播电影电视总局、共青团中央等共同参与,每年召开专题会议统筹部署推普周工作。领导小组办公室设在教育部语言文字应用管理司。

3. 国家语委语言文字规范标准审定委员会

国家语委语言文字规范标准审定委员会是根据《国家语言文字工作委员会语言文字规范标准管理办法》组建的语言文字规范标准审定机构,负责语言文字规范(标准)送审稿的审定工作,以及已发布的语言文字规范(标准)的维护性复审工作。委员会的日常办事机构设在教育部语言文字信息管理司。

4. 国家语委科研规划领导小组

国家语委科研规划领导小组是国家语委语言文字科研工作领导机构,负责领导、规划、部署国家语委的科学研究工作,拟定国家语言文字工作科研方向,编制科研项目指南和科研规划,制定年度科研计划;决定国家语委重大科研项目的立项;对国家语委立项的科研项目进行阶段性检查、评估;制定科研基金管理办法和科研成果奖励办法。领导小组办公室设在教育部语言文字信息管理司。

5. 外语中文译写规范和中华思想文化术语传播部际联席会议制度

外语中文译写规范和中华思想文化术语传播部际联席会议制度是为加强外语中文译写规范工作和中华思想文化术语传播工作,经国务院批准建立的跨部委议事机制,由国家语委、中央编译局、外交部、教育部、民政部、国家新闻出版广电总局、国务院新闻办、新华社、中科院等单位共同组成,由国家语委主任担任召集人。其主要职能是:统筹协调外国人名、地名和事物名称等专有名词的翻译工作;组织制定译写规则,规范已有外语词中文译名及其简称,审定新出现的外语词中文译名及其简称;统筹推进中华思想文化术语的外译研究和对外传播工作。

二、地方语言文字工作机构及其经费投入

(一) 省级语言文字工作机构

截至 2016 年,全国 31 个省(区、市)均设立了省级语言文字工作机构。其中,有 28 个设在省级教育行政部门,2 个(安徽、山东)为参公事业单位,1 个(新疆)设在民语委。日常工作机构设在省级教育行政部门的包括两种情况:18 个为独立的语言文字工作职能处室,10 个与相关职能处室合署办公。各省级语言文字工作机构现有工作人员共 118 人,其中专职工作人员 81 人、兼职工作人员 37 人。具体见表 5.3.2。

表 5.3.2 2016 年省级语言文字工作机构情况

序号	省(区、市)	独立/合署	专职人员	兼职人员
1	北京	行政独立	5	0
2	天津	行政合署	0	3
3	河北	行政独立	2	1
4	山西	行政独立	2	5
5	内蒙古	行政独立	2	2
6	辽宁	行政合署	2	0
7	吉林	行政合署	1	1
8	黑龙江	行政独立	3	4
9	上海	行政独立	4	1
10	江苏	行政独立	3	0
11	浙江	行政独立	3	0
12	安徽	参公事业单位	4	0
13	福建	行政合署	1	0
14	江西	行政独立	3	0
15	山东	参公事业单位	5	0
16	河南	行政独立	4	4
17	湖北	行政独立	3	0

（续表）

序号	省（区、市）	独立/合署	专职人员	兼职人员
18	湖南	行政合署	7	8
19	广东	行政合署	3	0
20	广西	行政独立	2	1
21	海南	行政合署	0	1
22	重庆	行政独立	4	0
23	四川	行政独立	2	0
24	贵州	行政独立	2	0
25	云南	行政独立	3	0
26	西藏	行政合署	1	1
27	陕西	行政合署	0	2
28	甘肃	行政独立	3	1
29	青海	行政独立	2	0
30	宁夏	行政合署	0	2
31	新疆	行政合署	5	0
	合计		81	37

（二）省级普通话水平测试工作机构

截至 2016 年，全国 31 个省（区、市）均设有普通话水平测试工作机构。从机构性质看，经省级编委批准的独立法人事业单位 11 个，挂靠其他事业单位、高校或社会团体的 10 个，由省语委办代行职能的 10 个。从经费来源看，全额拨款 13 个，差额拨款 1 个，自收自支 17 个。从测试机构人员配置情况看，福建、河南、重庆、青海尚未落实专门人员，其余 27 个省级测试工作机构共有编制数 144 个，实际工作人员 171 名。

省级测试机构的名称通常为"普通话（培训）测试中心"，在开展汉字应用水平测试的省（区、市），这些机构同时负责实施汉字应用水平测试，其机构名称为"语言文字水平测试中心"（如上海）。

省级以下的普通话水平测试工作机构是由省级语言文字部门和测试机构在各地市、高校和行业设立的测试站。截至 2016 年，全国已经建成测试站共计 1,626 个，其中地市测试站 494 个、高校测试站 1,099 个、行业测试站 33 个。

具体见表5.3.3。

表 5.3.3 2016年省级普通话水平测试机构情况

序号	省（区、市）	性质	编制数	实有人数	经费来源	地市站	高校站	行业站
1	北京	挂靠高校	8	8	全额拨款	38	16	0
2	天津	独立	16	11	全额拨款	30	22	1
3	河北	独立	8	5	自收自支	11	82	1
4	山西	独立	11	8	自收自支	11	31	1
5	内蒙古	语委办代行职责	0	3	自收自支	14	37	0
6	辽宁	挂靠事业单位	9	3	全额拨款	14	10	0
7	吉林	独立	8	6	全额拨款	9	12	1
8	黑龙江	独立	19	16	自收自支	13	10	4
9	上海	独立	8	7	差额拨款	1	66	0
10	江苏	挂靠社会团体	0	5	全额拨款	13	99	3
11	浙江	挂靠事业单位	14	12	自收自支	12	14	0
12	安徽	挂靠事业单位	1	4	全额拨款	29	46	0
13	福建	语委办代行职责	0	0	全额拨款	9	10	0
14	江西	语委办代行职责	5	5	全额拨款	11	39	1
15	山东	语委办代行职责	0	7	自收自支	17	111	5
16	河南	语委办代行职责	0	0	自收自支	35	45	0
17	湖北	挂靠高校	4	4	自收自支	16	45	1
18	湖南	独立	7	21	全额拨款	14	103	0
19	广东	挂靠高校	0	7	自收自支	22	36	1
20	广西	语委办代行职责	0	2	自收自支	14	40	0
21	海南	挂靠高校	0	4	自收自支	0	4	0
22	重庆	语委办代行职责	0	0	全额拨款	39	27	0
23	四川	独立	5	2	自收自支	21	55	5
24	贵州	独立	3	2	自收自支	12	12	2
25	云南	独立	6	4	自收自支	16	17	2
26	西藏	挂靠事业单位	4	2	全额拨款	7	9	1
27	陕西	挂靠事业单位	0	9	自收自支	10	42	0

第五章 语言文字治理体系建设

(续表)

序号	省(区、市)	性质	编制数	实有人数	经费来源	地市站	高校站	行业站
28	甘肃	语委办代行职责	0	7	自收自支	13	32	1
29	青海	语委办代行职责	0	0	自收自支	8	4	1
30	宁夏	独立	4	4	全额拨款	22	5	1
31	新疆	语委办代行职责	4	3	全额拨款	13	18	1
	合计		144	171		494	1,099	33

(三) 省级语言文字工作机构的工作经费

2016年,除北京、云南、新疆外,28个省级语言文字工作机构的工作经费总计2,895.05万元,平均103.39万元。其中,超过平均数103.39万的有7个,超过50万的有4个,超过25万的有6个,超过10万的有6个,不到10万的有5个。数据显示,省级工作机构的经费投入差异明显。从片区角度看,华东和中南片区的工作经费多于其他地区。

北京、云南2016年有非常规性重大项目启动,年度经费分别达到1,040万和1,490万;新疆的工作经费包含在民语委年度总经费2,800万中,均未纳入全国总数和平均数统计。

具体见表5.3.4。

表 5.3.4 2016年省级语言文字工作机构的工作经费

单位:万元

序号	省(区、市)	年度经费	片区	片区总投入	片区平均
1	北京	(1,040.00)			
2	天津	31.50			
3	河北	11.00			
4	山西	0.50			
5	内蒙古	60.00	华北	103.00	25.75
6	辽宁	18.00			
7	吉林	4.00			
8	黑龙江	15.00	东北	37.00	12.33
9	上海	555.60			

(续表)

序号	省(区、市)	年度经费	片区	片区总投入	片区平均
10	江苏	400.00			
11	浙江	30.00			
12	安徽	18.00			
13	福建	50.00			
14	江西	137.00			
15	山东	445.95	华东	1,636.55	233.79
16	河南	300.00			
17	湖北	17.00			
18	湖南	65.00			
19	广东	150.00			
20	广西	320.00			
21	海南	15.00	中南	867.00	144.50
22	重庆	49.00			
23	四川	25.00			
24	贵州	4.50			
25	云南	(1,490.00)			
26	西藏	83.00	西南	161.50	40.37
27	陕西	40.00			
28	甘肃	45.00			
29	青海	5.00			
30	宁夏	0			
31	新疆	(2,800.00)	西北	90.00	22.50
	合计	2,895.05			
	平均	103.39			

注：北京、云南、新疆的经费未纳入全国总数和平均数统计范围。

(四) 省级以下语言文字工作机构的工作经费

2016年，各省级语委申报列入统计范围的省级以下(含地市级和县级)语言文字工作机构共2,008个，其工作经费全国总计6,555.72万元，平均每个机构3.26

万元。数据显示,华东、中南地区的工作经费明显多于其他地区,青海和宁夏省级以下语言文字工作机构的工作经费尚未落实。具体见表5.3.5。

表 5.3.5　2016年省级以下语言文字工作机构的工作经费

单位:万元

序号	省(区、市)	机构数	年度总经费	机构平均	片区	片区总经费	省级平均
1	北京	16	220.00	13.75			
2	天津	16	28.50	1.78			
3	河北	199	207.70	1.04			
4	山西	108	138.70	1.28			
5	内蒙古	14	70.00	5.00	华北	664.90	132.98
6	辽宁	122	399.00	3.27			
7	吉林	66	104.20	1.58			
8	黑龙江	122	11.71	0.10	东北	514.91	171.64
9	上海	16	336.64	21.04			
10	江苏	13	339.92	26.15			
11	浙江	95	785.40	8.27			
12	安徽	125	311.40	2.49			
13	福建	92	221.00	2.40			
14	江西	11	438.30	39.85			
15	山东	158	526.17	3.33	华东	2,958.83	442.69
16	河南	119	398.35	3.35			
17	湖北	124	400.41	3.55			
18	湖南	44	113.00	2.57			
19	广东	22	304.10	13.82			
20	广西	121	310.00	2.56			
21	海南	4	42.50	10.63	中南	1,568.36	261.39
22	重庆	38	100.00	2.63			
23	四川	21	73.50	3.50			
24	贵州	12	2.00	0.17			
25	云南	103	61.00	0.59			
26	西藏	7	70.00	10.00	西南	306.50	61.30

(续表)

序号	省(区、市)	机构数	年度总经费	机构平均	片区	片区总经费	省级平均
27	陕西	0	130.00	130.00			
28	甘肃	86	290.97	3.38			
29	青海	8	0	0			
30	宁夏	25	0	0			
31	新疆	101	121.25	1.20	西北	542.22	108.44
	合计	2,008	6,555.72	3.26			

三、语言文字政务信息化平台

建设语言文字政务信息化平台是语言文字治理的重要措施,对各级语言文字部门优化管理服务流程、普及传播规范标准知识,增强社会语言规范意识、提高社会语言能力,具有重要作用。2016年,全国省和地市两级语言文字工作机构共建有语言文字政务网站97个,发布信息8,203条;设立政务微信公众号55个,微信推送信息4,179条;开通政务微博14个,政务微博发布博文652条。具体见表5.3.6。

表 5.3.6 2016年各地语言文字政务信息化平台建设状况

序号	省(区、市)	网站数量(含地级)	微信公众号数量	政务微博数量	合计
1	北京	9	—	—	9
2	天津	1	1	—	2
3	河北	1	10	—	11
4	山西	2	1	—	3
5	内蒙古	2	1	—	3
6	辽宁	3	1	—	4
7	吉林	2	1	—	3
8	黑龙江	2	—	—	2
9	上海	7	2	—	9
10	江苏	9	1	—	10
11	浙江	5	—	—	5

(续表)

序号	省(区、市)	网站数量(含地级)	微信公众号数量	政务微博数量	合计
12	安徽	5	—	—	5
13	福建	5	—	—	5
14	江西	3	3	1	7
15	山东	10	—	—	10
16	河南	4	2	—	6
17	湖北	3	12	4	19
18	湖南	6	1	—	7
19	广东	5	6	4	15
20	广西	1	1	—	2
21	海南	—	—	—	0
22	重庆	1	—	—	1
23	四川	4	1	1	6
24	贵州	1	—	—	1
25	云南	2	—	1	3
26	西藏	1	3	—	4
27	陕西	—	3	2	5
28	甘肃	1	4	1	6
29	青海	1	—	—	1
30	宁夏	—	1	—	1
31	新疆	1	—	—	1
	合计	97	55	14	166

四、语言文字培训基地及干部队伍建设

(一)国家语委语言文字应用培训和推广基地

国家语委语言文字应用培训和推广基地是教育部语用司代表国家语委与全国有关高校、教育文化机构等共建,依托共建单位优势学科、特色专业和专业团队深入开展人才培养、宣传推广的语言文字培训机构。截至2016年,全国共设

有10个基地,布局覆盖东南西北中,包括培训基地8个、推广基地2个。具体见表5.3.7。

表5.3.7 国家语委语言文字应用培训和推广基地

序号	基地名称	成立时间	所在城市	挂靠(共建)单位
1	中国传媒大学培训基地	2012	北京	中国传媒大学
2	北京华文学院培训基地	2011	北京	北京华文学院
3	北华大学培训基地	2011	吉林	北华大学
4	东北大学秦皇岛分校培训基地	2012	秦皇岛	东北大学秦皇岛分校
5	中国文字博物馆培训基地	2011	安阳	中国文字博物馆
6	江苏师范大学培训基地	2011	徐州	江苏师范大学
7	苏州教育局培训基地	2011	苏州	苏州教育局
8	广西师范大学培训基地	2011	桂林	广西师范大学
9	西北师范大学"一带一路"推普基地*	2016	兰州	西北师范大学
10	京津冀书法教育基地*	2016	秦皇岛	秦皇岛市山海关区教育局

注:标注"*"的机构为推广基地,其余为培训基地。

(二)语言文字干部队伍培训

2016年,国家语委与内蒙古、四川、贵州、云南、西藏、甘肃、青海、新疆等地的语委和高校组织实施了服务少数民族地区的双语教师培训,与河北、安徽、陕西、广东的语委和高校组织实施了服务农村和港澳地区的语言能力提高培训,依托国家语委培训基地和有关高校开展了语言文字管理人员的专题培训,同时,根据工作需要,组织了服务于经典诵读、"书法名家进校园"等活动的骨干教师培训。培训总人数达到3,023人。具体见表5.3.8。

表5.3.8 2016年国家语委组织的语言文字应用培训

序号	培训项目名称	承办单位	人数
1	国培计划——少数民族双语教师普通话培训班	包头师范学院	98
		西昌学院	100
		贵州师范学院	100
		保山学院	100
		西藏自治区语委办	100

（续表）

序号	培训项目名称	承办单位	人数
		西北师范大学	100
		青海师范大学	100
		新疆师范大学	100
2	少数民族地区双语教师培训	内蒙古	100
		四川	100
		贵州	100
		云南	200
		西藏	100
		甘肃	152
		青海	100
		新疆	200
3	中西部地区农村骨干教师语言能力提升培训班	河北	100
		安徽	100
		陕西	100
4	港澳中小学教师普通话能力提升培训班	中山大学	120
5	语言文字工作幼儿园骨干园长培训班	苏州基地	100
6	语言文字工作中小学骨干校长培训班	东北大学秦皇岛分校基地	103
7	地方语委干部语言文字工作能力提升培训班	中山大学	100
8	高校语委干部语言文字工作能力提升培训班	四川大学	100
9	中小学经典诵读教育骨干教师培训班	江苏师范大学	150
10	中华经典诵写讲骨干教师培训班	西南大学	100
11	全国中小学书法教师研修班	东南大学	100
	合计		3,023

附　　录

中华人民共和国国家通用语言文字法

(2000年10月31日第九届全国人民代表大会常务委员会第十八次会议通过)

第一章　总则

第一条　为推动国家通用语言文字的规范化、标准化及其健康发展,使国家通用语言文字在社会生活中更好地发挥作用,促进各民族、各地区经济文化交流,根据宪法,制定本法。

第二条　本法所称的国家通用语言文字是普通话和规范汉字。

第三条　国家推广普通话,推行规范汉字。

第四条　公民有学习和使用国家通用语言文字的权利。

国家为公民学习和使用国家通用语言文字提供条件。

地方各级人民政府及其有关部门应当采取措施,推广普通话和推行规范汉字。

第五条　国家通用语言文字的使用应当有利于维护国家主权和民族尊严,有利于国家统一和民族团结,有利于社会主义物质文明建设和精神文明建设。

第六条　国家颁布国家通用语言文字的规范和标准,管理国家通用语言文字的社会应用,支持国家通用语言文字的教学和科学研究,促进国家通用语言文字的规范、丰富和发展。

第七条　国家奖励为国家通用语言文字事业做出突出贡献的组织和个人。

第八条　各民族都有使用和发展自己的语言文字的自由。

少数民族语言文字的使用依据宪法、民族区域自治法及其他法律的有关规定。

第二章 国家通用语言文字的使用

第九条 国家机关以普通话和规范汉字为公务用语用字。法律另有规定的除外。

第十条 学校及其他教育机构以普通话和规范汉字为基本的教育教学用语用字。法律另有规定的除外。

学校及其他教育机构通过汉语文课程教授普通话和规范汉字。使用的汉语文教材，应当符合国家通用语言文字的规范和标准。

第十一条 汉语文出版物应当符合国家通用语言文字的规范和标准。

汉语文出版物中需要使用外国语言文字的，应当用国家通用语言文字作必要的注释。

第十二条 广播电台、电视台以普通话为基本的播音用语。

需要使用外国语言为播音用语的，须经国务院广播电视部门批准。

第十三条 公共服务行业以规范汉字为基本的服务用字。因公共服务需要，招牌、广告、告示、标志牌等使用外国文字并同时使用中文的，应当使用规范汉字。

提倡公共服务行业以普通话为服务用语。

第十四条 下列情形，应当以国家通用语言文字为基本的用语用字：

（一）广播、电影、电视用语用字；

（二）公共场所的设施用字；

（三）招牌、广告用字；

（四）企业事业组织名称；

（五）在境内销售的商品的包装、说明。

第十五条 信息处理和信息技术产品中使用的国家通用语言文字应当符合国家的规范和标准。

第十六条 本章有关规定中，有下列情形的，可以使用方言：

（一）国家机关的工作人员执行公务时确需使用的；

（二）经国务院广播电视部门或省级广播电视部门批准的播音用语；

（三）戏曲、影视等艺术形式中需要使用的；

（四）出版、教学、研究中确需使用的。

第十七条 本章有关规定中,有下列情形的,可以保留或使用繁体字、异体字:

(一)文物古迹;

(二)姓氏中的异体字;

(三)书法、篆刻等艺术作品;

(四)题词和招牌的手书字;

(五)出版、教学、研究中需要使用的;

(六)经国务院有关部门批准的特殊情况。

第十八条 国家通用语言文字以《汉语拼音方案》作为拼写和注音工具。

《汉语拼音方案》是中国人名、地名和中文文献罗马字母拼写法的统一规范,并用于汉字不便或不能使用的领域。

初等教育应当进行汉语拼音教学。

第十九条 凡以普通话作为工作语言的岗位,其工作人员应当具备说普通话的能力。

以普通话作为工作语言的播音员、节目主持人和影视话剧演员、教师、国家机关工作人员的普通话水平,应当分别达到国家规定的等级标准;对尚未达到国家规定的普通话等级标准的,分别情况进行培训。

第二十条 对外汉语教学应当教授普通话和规范汉字。

第三章 管理和监督

第二十一条 国家通用语言文字工作由国务院语言文字工作部门负责规划指导、管理监督。

国务院有关部门管理本系统的国家通用语言文字的使用。

第二十二条 地方语言文字工作部门和其他有关部门,管理和监督本行政区域内的国家通用语言文字的使用。

第二十三条 县级以上各级人民政府工商行政管理部门依法对企业名称、商品名称以及广告的用语用字进行管理和监督。

第二十四条 国务院语言文字工作部门颁布普通话水平测试等级标准。

第二十五条 外国人名、地名等专有名词和科学技术术语译成国家通用语言文字,由国务院语言文字工作部门或者其他有关部门组织审定。

第二十六条 违反本法第二章有关规定,不按照国家通用语言文字的规范和标准使用语言文字的,公民可以提出批评和建议。

本法第十九条第二款规定的人员用语违反本法第二章有关规定的,有关单位应当对直接责任人员进行批评教育;拒不改正的,由有关单位作出处理。

城市公共场所的设施和招牌、广告用字违反本法第二章有关规定的,由有关行政管理部门责令改正;拒不改正的,予以警告,并督促其限期改正。

第二十七条 违反本法规定,干涉他人学习和使用国家通用语言文字的,由有关行政管理部门责令限期改正,并予以警告。

第四章 附则

第二十八条 本法自 2001 年 1 月 1 日起施行。

国家中长期语言文字事业改革和发展规划纲要（2012—2020年）

（教育部、国家语言文字工作委员会 2012 年 12 月 4 日发布）

序　言

语言文字是人类最重要的交际工具和信息载体，是文化的基础要素和鲜明标志，是促进历史发展和社会进步的重要力量。语言文字事业具有基础性、全局性、社会性和全民性特点，是国家文化建设和社会发展的重要组成部分，事关历史文化传承和经济社会发展，事关国家统一和民族团结，事关国民素质提高和人的全面发展，在国家发展战略中具有重要地位和作用。全面建成小康社会，构建中华民族共有精神家园，提高国家文化软实力，加快推进教育现代化，都对语言文字事业提出了新的要求。必须树立和增强高度的文化自觉和文化自信，努力推进语言文字事业全面发展，为全面建成小康社会、实现中华民族伟大复兴贡献力量。

第一章　指导思想

高举中国特色社会主义伟大旗帜，以邓小平理论、"三个代表"重要思想、科学发展观为指导，全面贯彻《国家通用语言文字法》，尊重语言文字发展规律，主动适应国家经济社会发展新要求，围绕中心、服务大局，拓宽视野、改革创新，大力推广和规范使用国家通用语言文字，科学保护各民族语言文字，加强语言文字基础建设和管理服务，增强国家语言实力，提高国民语言能力，构建和谐语言生活，服务教育现代化，服务社会主义文化强国建设，推进语言文字事业全面发展。

大力推广国家通用语言文字。推广和普及国家通用语言文字是贯彻落实国家法律法规的基本要求，是维护国家主权统一、促进经济社会发展、增强中华民族凝聚力和文化软实力的重要内容。要健全完善语言文字法律制度规范，加强宏观政策指导。要增加法治意识，提高依法行政能力，加大培训测试及评估力度,采取切实有效措施,推进国家通用语言文字在全国范围内基本普及。

规范使用国家通用语言文字。要加强语言文字规范标准建设,强化国家通用语言文字规范意识,提升国民语言文字应用能力,提高全社会语言文字规范化水平,增强国家文化软实力。

科学保护各民族语言文字。尊重各民族使用和发展自己的语言文字的自由。树立各民族语言文字都是国家宝贵文化资源的观念,有针对性地采取符合实际的保护措施,充分发挥语言文字在传承和弘扬中华优秀文化中的重要作用,构建中华民族共有精神家园。

构建和谐语言生活。语言文字工作要创新理念和体制机制,要自觉融入国家改革发展大局,服务经济社会发展和人民群众需要,主动结合教育、文化、传媒、信息、商务等领域的建设和发展,坚持监督检查和服务社会并举。科学规划各种语言文字的定位和功能,妥善处理语言生活中的新情况新问题,推进语言文字事业全面、协调、可持续发展,促进和谐社会建设。

第二章　目标和任务

一、总体目标

到 2020 年,普通话在全国范围内基本普及,汉字社会应用的规范化程度进一步提高,汉语拼音更好地发挥作用。语言文字规范标准基本满足社会需求,信息化水平进一步提高。语言文字社会管理服务能力全面提升,社会管理服务体系基本建成。各民族语言文字的科学保护得到加强。语言文字传承和弘扬中华优秀文化的作用进一步发挥。国家语言实力显著增强,国民语言能力明显提高,社会语言生活和谐发展。

二、主要任务

(一)大力推广和普及国家通用语言文字

加大《国家通用语言文字法》的宣传教育力度。将《国家通用语言文字法》列入普法教育内容,增强教师、机关工作人员和新闻出版、广播影视、公共服务行业从业人员的国家通用语言文字规范意识和法制意识,树立全体国民的国家通用语言文字意识。

提高国家通用语言文字普及程度。到 2015 年，普通话在城市基本普及，在农村以教师、学生和青壮年劳动力为重点基本普及，汉字社会应用基本规范；到 2020 年，国家通用语言文字在全社会基本普及，全国范围内语言交际障碍基本消除。

加快民族地区国家通用语言文字的推广和普及。加大宣传培训力度，积极稳妥推进双语教育。到 2020 年，少数民族双语教师达到国家通用语言文字教学要求，完成义务教育的少数民族学生能够熟练掌握国家通用语言文字。

加大《汉语拼音方案》的推行力度。加强学校汉语拼音教学。充分利用汉语拼音作为拼写和注音的工具，进一步发挥其在汉字不便或不能使用领域，以及信息处理、国际交往、国际汉语教育和海外华文教育中的作用。

（二）推进语言文字规范化标准化信息化建设

加强语言文字规范化工作。树立科学的语言文字规范观，进一步完善语言文字规范标准体系。妥善处理语言文字规范与发展的关系，深入研究语言文字规范标准制定和施行的规律，积极做好语言文字规范标准的宣传、普及和应用的社会服务工作。

推进语言文字标准化建设。加强国家语言文字标准的统筹管理，健全语言文字标准的层级和体系。加快制订、完善国家通用语言文字和少数民族语言文字基础标准、应用能力标准、评测认证标准、通用手语和通用盲文标准、外国语言文字使用规范，重点建设教育、信息处理、广播影视、新闻出版、辞书编纂和公共服务等领域的标准。及时开展标准的复审、修订等工作。

提升语言文字信息化水平。加强面向中文信息处理的语言文字基础工程建设，开展以语言文字处理为核心的关键技术联合攻关，形成一批具有自主知识产权的核心技术，提高中文信息处理水平。建设语言文字数据库、资源库和学习平台。

（三）加强语言文字社会应用监督检查和服务

强化语言文字社会应用的监督检查。加强对学校、机关、新闻出版、广播影视、公共服务行业和公共场所语言文字使用情况的监督检查。加强对教材、图书（特别是辞书）、影视剧等文化产品和信息技术产品语言文字使用的监督检查。加强外国语言文字使用管理，推进外语中文译写规范工作。

加强社会语言生活监测和引导。引导网络、手机等新媒体规范使用语言文字。打造社会语言生活监测平台，跟踪研究语言生活中出现的新现象和新问题，纠正语言文字使用不规范的现象，引导社会语言生活健康发展，形成规范使用语言文字的社会氛围。

做好语言文字社会咨询服务工作。建设语言文字应用咨询服务平台，利用现代信息技术等多种手段，为社会提供语言文字政策法规、规范标准和语言文字使用等的咨询服务。

（四）提高国民语言文字应用能力

提高国民语言文字应用能力。建立和完善国家通用语言文字应用能力测评体系，提高全社会对语言文字学习的重视程度，促进国民语言文字应用能力的提升。

受过初等教育的国民普遍具备普通话、规范汉字和汉语拼音的应用能力；具有中等及以上教育程度的国民，其国家通用语言文字水平达到相应要求，具有较好的使用普通话和规范汉字表达、沟通的能力。全社会语言规范意识进一步增强，公民在公共场合自觉使用普通话和规范汉字，语言文字社会应用的规范化水平进一步提高。

（五）科学保护各民族语言文字

正确处理各种语言文字关系。依法妥善处理好国家通用语言文字与汉语方言、繁体字、少数民族语言文字的关系及学习使用问题，努力营造守法、健康、和谐的社会语言文字环境。

增强全社会的语言资源观念和语言保护意识。积极开展树立语言资源观念和科学保护意识的各项公益性活动。

加强各民族语言文字的科学研究和资源开发利用。加强语言资源数字化建设，推动语言资源共享，充分挖掘、合理利用语言资源的文化价值和经济价值。建立和完善语言资源库，探索方言使用和保护的科学途径，用现代技术手段记录保存少数民族濒危语言。

（六）弘扬传播中华优秀文化

充分发挥语言文字传承弘扬中华优秀文化的载体作用。积极开展中华经典诵写讲等活动，加强中华优秀文化传统教育和革命传统教育，提升国民的文化素养和道德素养。

拓展深化与港澳台地区的交流。建立民间语言文字协商机制，促进语言文字学术交流和语言文化交流，为港澳台同胞学习使用普通话提供服务。

推进国际汉语教育。加强国际汉语教育教师培训、教材建设和教学研究，继续推动汉语相关水平测试向海外拓展,增强中华文化国际影响力。继续发挥普通话、规范汉字和《汉语拼音方案》在国际汉语教育和海外华文教育中的主导作用。

提升中文国际地位。促进中文成为有关国际组织的正式工作语言、国际会议的会议语言,提升中文在国际学术界的影响力。扩大、深化与世界各国和地区的语言文化交流与合作。

(七)加强语言文字法制建设

研究修订《国家通用语言文字法》,争取在 2020 年前完成《国家通用语言文字法》的修订工作。及时跟踪、研究语言文字领域的新情况、新问题,根据实际需要和研究成果,研究制定配套的法规、规章。加强语言文字执法工作,增强公民依法使用语言文字的意识,使有关法律规定落到实处。

第三章 重点工作

一、推广普及

(一)语言文字规范化建设

继续实施语言文字规范化示范校项目。完善国家级和省级语言文字规范化示范校项目标准,将示范校创建作为教育质量监测、高校教学评估、各级示范性学校评审等工作的重要内容。

继续推进城市语言文字工作评估。坚持"重在建设,重在过程,重在实效"的原则,调整完善评估指标体系,对尚未达标的城市加强指导、检查、督促。二类城市在 2015 年、三类城市在 2020 年完成达标验收。建立城市评估复检制度,促进已达标城市保持并不断提高规范化水平。推动将语言文字规范化工作纳入文明城市创建、各级政府及领导干部工作实绩考核范围。

开展区域语言文字规范化达标工作。以城市为中心、辐射带动农村地区,促进区域语言文字规范化水平整体提升。由省级语言文字工作部门根据实际制订区域语言文字规范化工作推进方案,开展试点,分步实施。

推进重点行业系统语言文字规范化工作。推动学校、机关、新闻出版、广播影视和公共服务行业的语言文字规范化工作,适时开展行业规范化示范单位创建评估工作。推动军队系统语言文字规范化建设和普通话培训测试工作。

(二)国家通用语言文字培训

教师、校长(园长)普通话培训。新进教师普通话水平应符合教师资格所规定的普通话等级要求。全体教师都要参加普通话水平测试。对普通话水平未达标的中小学、幼儿园教师和校长(园长)进行普通话培训,使其达到规定标准。开展国家级和省级中华经典诵读教育骨干教师培训。

相关行业从业人员培训。把国家通用语言文字培训列为学校、机关、新闻出版、广播影视和公共服务行业从业人员培训内容,加大培训力度。开展多层次语言文字应用能力培训,满足不同职业、不同岗位业务培训要求。

进城务工人员普通话培训。推动用人单位、劳动就业服务部门和进城务工人员输出、输入地相关部门对务工人员进行普通话培训,提高其就业能力。

二、基础建设

(三)语言文字规范标准建设

加强语言文字规范标准统筹管理。建立规范化、标准化工作长效机制,构建和完善与《国家通用语言文字法》实施相配套的语言文字规范标准体系,加强语言文字技术标准、管理标准和工作标准建设,健全规范标准层级。

加强语言文字规范标准制订和修订工作。重点制订和完善汉字字形及属性、普通话语音、地名、科技术语、外国人名地名译写等国家通用语言文字规范标准及评测认证标准;研究制订公共服务领域外文译写规范标准和国际汉语教育中的语言文字规范标准;主导中国语言文字国际标准的制订。加强语言文字规范标准特别是国际标准研制人才的培养。

(四)语言数据库和语料库建设

建设古今汉字全息数据库。收集整理中国古今汉字,包括国外应用汉字,理清汉字发展演变的历史,推动中国文字的历史传承、现实应用及国际传播。

建设中国百年语言文字规范标准数据库。收集整理中国百年来的语言文字规范标准,建设语言文字规范标准数据库。

建设国家语言资源动态流通语料库。继续建设面向语言资源监测的平面媒体、有声媒体、网络媒体和教育教材等国家语言资源动态流通语料库。完善现代汉语语料库。

(五)语言国情调查

开展语言国情调查。调查特定地区的语言文字使用情况,为地方经济社会发展提供政策支持;调查机关、新闻出版、广播影视、公共服务行业及其从业人员的语言使用情况,为制定相关行业语言文字政策和满足语言使用需求提供服务;调查手语、盲文等特殊语言文字使用情况,为制订完善手语、盲文规范标准,提高特殊教育质量提供服务;调查网络、手机等新媒体语言和外语词、字母词等的使用情况,加强对虚拟空间语言使用的研究,制定相关政策。

开展语言普查。建立定期语言普查制度,开展普通话、汉字、汉语拼音等使用情况普查;汉语方言的种类、分布区域、使用人群和使用变化状况普查;少数民族语言及其方言的种类、分布区域、使用人群和使用变化状况普查;跨境语言的分布和使用情况普查;外国语言文字在境内的使用情况普查。争取在国家人口普查及其他相关调查中增列语言文字使用状况内容。

建立中国语言数据库。绘制多媒体语言地图,发布中国语言国情报告。促进语言普查数据的开发、利用和社会共享。

三、督查服务

(六)语言文字社会应用监督检查和服务

完善社会语言生活监测平台。监测研究语言使用实态和语言生活热点,分析语言生活中的新现象,预测语言发展趋势,定期发布语言生活状况报告,并进行基于数据分析的语言战略研究。

打造汉语汉字学习平台。整合汉语汉字规范标准及信息资源,提供资源共享、技术开放的现代化助教助学模式,服务于中小学教学、公民学习和国际汉语教育。

建设语言文字规范标准督查平台和测查认证系统。对传媒、出版物(重点是教材、工具书)、公共场所、信息技术产品以及汉字输入系统中的语言文字使用状况,进行规范标准符合性的测查认证和监督管理。

建设国家语言文字咨询服务平台和语言文字应用服务系统。面向社会开展语言文字政策法规、规范标准、应用业务等的免费咨询服务。加强对网络语言、新词新语等的规范引导。组织开展外语中文译名的监测、规范、审定和发布工作。

(七)国家语言应急服务和语言援助服务

建立国家语言应急服务和援助机制。根据国家战略需求,制定应对国际事务和突发事件的关键语言政策,建设国家多语言能力人才资源库。促进制订外语语种学习和使用规划。推动社会建立应急和特定领域专业语言人才的招募储备机制,提供突发条件下的语言应急服务。及时为国家有关部门就我国海域、疆域等相关地名和天体命名提供语言文字方面的支持和服务。发挥语言社团作用,建立语言志愿者人才库,广泛吸纳双语、多语人才,为社会提供语言援助。

（八）手语盲文规范和推广

加快手语、盲文规范标准研制。加强国家通用手语和盲文规范化、标准化、信息化建设,修订通用盲文国家标准,研制通用手语国家标准,研制手语、盲文水平等级标准和手语翻译员等级标准。根据需求,研究制定少数民族手语、盲文。加强手语、盲文推广运用。结合特殊教育学校课程改革,推广使用国家通用手语、盲文。培育和发展手语、盲文社会服务机构,为听力、视力残疾人提供国家通用手语、盲文翻译和语音阅读、提示等服务。加强手语、盲文基础研究。重视手语、盲文高层次人才培养和研究机构建设,充分发挥国家手语和盲文研究中心作用。

四、能力提升

（九）构建语言文字应用能力测评体系

推进和完善普通话水平测试、汉字应用水平测试和汉语能力测试。加快推进普通话培训测试的信息化建设和资源建设,推进计算机辅助普通话水平测试。适时修订《普通话水平测试大纲》。编写系列普通话学习教材,研制和推行中小学生普通话水平测试标准。修订和完善《汉字应用水平测试大纲》,完善测试系统,加大汉字应用水平测试推进力度。总结试点经验,修订和完善《汉语能力标准》和《汉语应用能力测试大纲》,推进汉语能力测试。

（十）提升学生语言文字应用能力

提升幼儿普通话水平。幼儿园要创设自由、宽松的普通话交流环境,引导幼儿学会倾听并能清楚地用普通话表达,培养阅读兴趣,养成良好阅读习惯。

加强学生语言文字应用能力培养。中小学校要依据语文课程标准组织教学,加强识字与写字、口语交际、阅读、写作等方面的教学,加强中小学规范汉字书写教育,注重语言文字的综合运用,全面提高中小学生听说读写能力。中等职业学校和高等学校要科学设置语言文字相关课程,以提高语文鉴赏能力、文字书写能力和语言表达与交际能力为重点,全面提升学生的语文素养及语言文字综合运用能力。

建立并完善学生语言文字应用能力评价标准。分级分类制订高校学生和中小学生语言文字应用能力评价标准和测评办法,将口语表达、汉字书写纳入语文教学和评价范围。

(十一)提升国民语言文字应用能力

提高教师的语言文字应用能力。在教师资格标准中明确国家通用语言文字应用能力要求。将语言文字纳入教师培养和培训的重要内容,全面提高教师的语言文字应用能力。

提高相关职业人群的语言文字应用能力。健全学校、机关、新闻出版、广播影视和公共服务行业等相关行业从业人员的语言文字应用能力职业标准。

提倡国民发展多语能力。在发挥国家通用语言文字主导作用的前提下,根据需要,合理规划,为提升国民多种语言文字应用能力创造条件。

五、科学保护

(十二)各民族语言文字科学记录和保存

建设中国语言资源有声数据库。科学设计,统一规划,调查收集普通话、汉语方言、少数民族语言的有声语料,整理保存和深入开发利用,科学保存中国各民族语言实态。

(十三)少数民族语言文字信息化建设

研制少数民族语言文字规范标准。加快制订社会应用和信息化急需的少数民族语言文字基础规范标准。做好少数民族语言的术语规范化工作。

建设少数民族语言文字数据库。收集梳理少数民族语言文字的发展历史和文化信息,建设少数民族语言文化资源库和传统通用少数民族语言的大规模语料库。

(十四)少数民族濒危语言抢救和保护

支持国家民委完成20种少数民族濒危语言的调查工作,出版《中国少数民族语言文字保护丛书》。

六、文化传承

(十五)中华经典诵写讲行动

推进学校开展中华经典诵写讲行动。各级各类学校要加强经典诵读和规范汉字书写教育,广泛深入开展中华经典诵读、书写、讲解的社团活动和校外活动。

组织诵写讲下基层活动,对师生进行诵写讲辅导。加强诵写讲的研究,包括诵写讲与语文教育、养成教育、青少年成长、人文情感培养等方面关系和作用的研究。探索以中华经典诵读、书写教育为基础的诵写讲教育教学方法。

建设中华经典诵写讲行动社会参与平台。继续举办中华经典诵读、规范汉字书写赛事等系列活动。举办传统节日诵读活动。通过对传统节日经典诗文、民间习俗的梳理、筛选,挖掘传统节日的文化内涵,运用多种形式予以呈现,增强传统节日的吸引力和影响力。

建设中华经典诵写讲资源库。遴选体现中华民族优秀文化传统和革命传统、符合社会主义核心价值体系的经典诗文及反映传统节日、各民族文化的优秀篇章,建设中华经典诵写讲资源库,以诵读、书写、讲解等形式予以记录、保存和展示、传播,促进优秀传统文化和革命文化传承体系建设。

(十六)港澳台地区及海外合作交流

服务港澳同胞普通话学习和培训测试。根据港澳同胞学习普通话的需求,对港澳同胞普通话水平测试、港澳地区教师普通话培训、内地和港澳地区学生暑期普通话交流项目提供支持和服务。合作开展普通话培训测试的科学研究。

推动海峡两岸语言文字业务交流。积极推动两岸合作编纂中华语文工具书工作,完善"中华语文知识库"网站建设,推动两岸语言文字智库、合作开展普通话培训测试等项目的实施,举办两岸语言文字学术研讨会及语言文化交流论坛,继续开展术语和专有名词等的研究规范工作,推动异读词审音、汉语文本简繁转换系统研发、字词对应数据库研制等方面的合作。实施两岸青少年语言文化交流项目。

鼓励海外侨胞来华学习汉语。举办海外华人华侨子弟"母语寻根"夏令营活动,实施海外华文教师普通话培训工程。

加大普通话培训测试的海外推广力度。深化与境外相关机构在普通话培训测试、汉语口语水平测试等方面的合作,进一步拓展在境外的培训测试范围。推进国家通用语言文字培训测试与国际汉语教育、海外华文教育的有效对接。

第四章 创新与保障

一、创新理念思路

更新工作理念。适应时代发展,积极培育和树立语言文字的新理念。语言文字是国家的战略性文化资源,是建设创新型国家、建设人力资源强国、推进中国特色新型工业化、信息化、城镇化和农业现代化的基础性资源;推进语言文字事业科学发展,是实现教育现代化的必备条件,是推动社会主义文化大发展大繁荣、推进社会主义文化强国建设的重要内容,是维护国家主权、尊严和核心利益的战略需要,是促进国家统一、民族团结、经济发展、社会进步、提升我国国际地位和国际影响力的迫切要求。

转变工作思路。语言文字工作要拓宽视野看作用,融入发展促发展,积极融入国家发展大局,积极争取各级政府和社会各界的支持,主动与包括教育工作在内的经济社会发展等各项工作有机结合,努力探索新的事业发展增长点和工作着力点,在提供支撑和服务的过程中实现自身价值,推进自身的发展。

完善工作内容。语言文字工作要自觉履行"大力推广和规范使用国家通用语言文字,科学保护各民族语言文字"的基本职责,努力实现工作内容的拓展,进一步增强服务意识、提升服务能力、创新服务方式,做好语言文字社会咨询服务工作,坚持监督检查与社会服务并重;要注重语言文字工作法制化、规范化、标准化、信息化建设,注重推广普及国家通用语言文字质量水平的提高,加大投入力度,在农村、边远、民族地区扎实推广普及国家通用语言文字,注重发挥语言文字在传承弘扬中华优秀文化中的重要作用。

二、创新工作机制

建立和完善全国语言文字工作"政府主导、语委统筹、部门支持、社会参与"的管理体制。进一步明确各级政府对语言文字工作的主导责任,切实加强对语言文字工作的领导和支持。各级教育行政部门(语言文字工作部门)要切实履行统筹职能,充分发挥语委成员单位的作用,积极争取相关部门和社会组织的支持,建立和完善分工协作、齐抓共管、协调有效的工作机制,从体制和机制上确保语言文字工作的有序开展。

建立健全语委议事机制。建立健全语委全体会议、语委咨询委员会、外语中文译写规范部际联席会议及专家委员会,以及各专业机构、专项工作组等制度或组织。充分依靠各成员单位和相关部门,充分发挥专家群体的才智和作用。建立健全语言文字及相关领域学术团体和社会组织,积极支持其开展或参加语言文字方面的宣传教育、学术研究、业务培训、合作交流、维权自律等活动。

三、创新管理服务

依法加强监督检查。将国家通用语言文字规范要求纳入地方各级政府行政执法督查范围,建立综合执法机制,完善和细化执法程序和标准,切实依法加强监督检查。充分尊重和依靠人大监督、司法监督、群众监督、舆论监督等,健全语言文字法律法规的监督执行机制。

建立长效协调督查机制。将语言文字工作要求纳入各级政府及教育行政部门(语言文字工作部门)年度工作总结和相关干部考核范围。在有关部门的配合下,将语言文字规范要求纳入精神文明建设、普法宣传教育、机关行文规范、教育督导、新闻出版编校质量、广播影视制作播出质量、工商行政监管和城市市容管理等范围,并建立相应机制或制度。

创新监督检查方式。加强和改进行政督查的方式和手段,提高依法行政的水平和实效。探索并建立运用法律、行政、教育、科技、自律等综合手段实施督查的新体系。建设基于数字网络技术的,覆盖广泛、查询便捷的社会语言文字规范应用监督检查与服务网络平台,实行科学有效的监督检查。

创新服务方式。通过协作机制或联席会议制度等方式,为经济、民政、国土、民族、外交、国防等部门提供语言文字业务服务,促进经济社会发展,维护国家主权统一和核心利益。通过与学校、学术团体、社会组织等单位的合作,为相关行业提供语言文字方面的专业培训、职业培训和评估测试等服务。通过网络服务平台、各种媒体和相关社会活动,宣传国家语言文字法律法规、政策制度,推广普及国家通用语言文字,提供语言文字咨询服务和应急援助。推进语言文字工作系统政务信息化建设。结合文化产业发展,注重开发语言资源,支持发展语言产业,为社会提供多样化语言文字服务。

四、扩大对外开放

进一步扩大语言文字工作的对外开放程度。通过多种途径加强语言文字的对外交流和传播,扩大中华语言文字的国际影响力,拓展中华文化传播的广度和深度。

建立健全与相关涉外机构、对外传播机构的协作关系和协作机制,通过孔子学院教学、海外中国文化中心活动、高校来华留学生教育、对外汉语培训、对外传播媒体和新媒体的宣传报道,以及节目交流、民间外交、青年交流活动等各种方式和途径,积极主动地对外传播包括语言文字在内的中华文化,为展示当代中国和平发展的国家形象和增进世界人民对中国的理解信任发挥积极作用。

五、强化人才保障

创新管理队伍培训方式。建立培训制度,通过举办"中央普通话进修班",实施中青年骨干海外研修计划、语言文字管理干部岗位培训和专题研修、测试员提高培训等项目,对语言文字专兼职管理队伍开展上岗培训和定期轮训,建设高水平、专业化的管理队伍和测试员队伍。以现有资源为基础,建立国家级培训基地。

加大专家队伍培养力度。通过科研资助、出国研修、重点培养等方式遴选培养一批优秀的语言文字专家,改善工作条件,完善用人机制,进一步发挥专家学者在学术理论和政策研究、规范标准研制和咨询服务中的作用。

健全奖励制度。对在国家语言文字事业发展中做出突出贡献的组织和个人,按国家有关规定予以表彰奖励。

六、提高科研水平

发挥科学研究的支撑作用。围绕国家经济、政治、文化、社会、生态文明建设和语言文字方针政策、规范标准,以及社会语言生活中的重大问题和热点问题,开展战略性、前瞻性、对策性研究,为语言文字事业改革发展提供有力支撑和智力支持。

加强科研管理和机构建设。积极整合相关研究力量,充分发挥高等学校、科研院所和学术团体的作用,重点建设好国家语委科研基地。建立和完善科研管理制度,提升科研管理的信息化水平,重视研究成果的共享和社会应用。

加强应用语言学学科建设。注重培养、扶持学科带头人和领军人物,支持其开展学术、业务研究与创新。提升学科地位和学术影响力。促进语言学研究方法和研究手段的现代化。鼓励跨学科、跨领域开展研究,鼓励协同创新。

七、加大宣传力度

创新宣传方式。将《国家通用语言文字法》的学习宣传纳入普法规划和普法教育内容。继续开展全国推广普通话宣传周活动,创新活动内容、载体和方式,推动农村、边远、民族地区提高普通话普及程度。编写有关语言国情、语言文字政策法规和规范标准等系列普及丛书。

构建宣传体系。加强语言文字网站、报纸、期刊和出版物等宣传阵地建设，充分利用新闻媒体，创新宣传手段，加强舆论引导，注重对社会关注的语言文字热点问题的宣传解释，营造有利于国家通用语言文字推广和规范使用的社会环境。

八、保障经费投入

建立健全语言文字事业经费投入机制。加大对语言文字事业发展的经费投入力度。推动各级财政加大对本规划纲要确定的重点建设项目的经费投入，增加农村、边远、民族地区推广普及国家通用语言文字的经费投入。制定相关政策，鼓励地区间建立对口支援和互利合作关系。设立语言文字事业发展基金，支持多渠道筹措经费，鼓励企业、团体、个人捐赠。

本规划纲要的实施主体是各级人民政府及教育行政部门（语言文字工作部门），协同单位是语委成员单位和有关业务主管部门。各地要加强领导，明确责任和分工，把落实本规划纲要提上重要议事日程，制定实施方案和配套政策措施，分阶段、有步骤地组织实施。地方各级教育行政部门（语言文字工作部门）要切实履行统筹协调职能，在党委和政府的统一领导下，统筹安排，精心组织，协调好语委成员单位和相关部门，具体负责组织实施工作，全力推进本规划纲要的落实。

国家语言文字事业"十三五"发展规划

(教育部、国家语言文字工作委员会 2016 年 8 月 23 日印发)

为贯彻落实《国家通用语言文字法》《国民经济和社会发展第十三个五年规划纲要》,全面实施《国家中长期教育事业改革和发展规划纲要(2010—2020 年)》(以下简称《教育规划纲要》)和《国家中长期语言文字事业改革和发展规划纲要(2012—2020 年)》(以下简称《语言文字规划纲要》),明确未来五年国家语言文字事业的发展目标和主要任务,制定本规划。

一、发展形势

语言文字事业具有基础性、全局性、社会性和全民性的特点,是国家综合实力的重要支撑力量,事关国民素质提高和人的全面发展,事关国家统一和民族团结,事关历史文化传承和经济社会发展,在国家发展战略中具有重要地位和作用。强国必须强语,强语助力强国。

新中国成立以来,我国语言文字事业取得了历史性成就,走出了一条中国特色社会主义语言文字事业发展道路。"十二五"期间,特别是党的十八大以来,国家通用语言文字普及程度进一步提高,普通话普及率达到 70% 以上;语言文字法律法规制度逐步完善,工作体系基本形成,语言文字规范标准进一步完善,为推进语言文字工作治理体系和治理能力现代化打下良好基础;语言资源保护开发取得进展,语言文字科学研究和基础建设更加贴近国家发展需求;语言文字信息化进程加快;语言文字品牌活动广受关注,世界语言大会成功举办,汉语国际传播蓬勃发展,我国在世界语言文字领域的国际话语权得到提升。这些成就为全面建成小康社会奠定了坚实基础。

"十三五"时期,是全面建成小康社会的决胜阶段,也是贯彻落实《教育规划纲要》《语言文字规划纲要》、全面提升国家语言文字服务能力的关键五年。实现教育现代化、全面提高国民素质和社会文明程度、促进人的全面发展,对进一步推行普及国家通用语言文字,特别是对农村和民族地区的推广普通话工作提出了新期盼;云计算、大数据、智能化等新技术的不断涌现,为语言文字信息化建设和社会应用赋予了新内涵;扩大对外开放、加强国际合作、促进和平发展、维护国家利益和安全,特别是推进"一带一路"建设等国家战略,对增强语言文字事业服务保障能力与国际交流合作提出了新任务;文化大发展大繁荣,培育践行社会主义核心价值观,为传承、发展和弘扬中华优秀语言文化开辟了新领域;全面深化改革、全面依法治国,推进国家治理体系和治理能力现代化,对语言文字法制化、规范化、标准化建设提出了新要求。

面对时代变革和国家发展创新的迫切需求,语言文字事业还存在一些薄弱环节和突出问题:农村和民族地区国家通用语言文字普及程度还不高;语言文字信息技术创新与社会应用能力还比较薄弱;国家语言能力和语言文字服务水平还不能完全适应经济、社会和文化发展的需求;语言文字规范应用面临网络时代新挑战;管理体制机制和方式有待进一步改革创新。

"十三五"时期,我国发展仍处于可以大有作为的重要战略机遇期,我们必须增强忧患意识、责任意识,尊重规律、把握国情,抓住机遇、迎接挑战,针对重点领域和重点问题攻坚克难,不断开创我国语言文字事业发展新局面。

二、指导思想和发展目标

(一) 指导思想

高举中国特色社会主义伟大旗帜,全面贯彻党的十八大和十八届三中、四中、五中全会精神,以马克思列宁主义、毛泽东思想、邓小平理论、"三个代表"重要思想、科学发展观为指导,深入贯彻习近平总书记系列重要讲话精神,坚持全面建成小康社会、全面深化改革、全面依法治国、全面从严治党的战略布局,牢固树立和贯彻落实创新、协调、绿色、开放、共享的发展理念,以服务国家发展需求为核心,向国家战略聚焦,向农村和民族地区攻坚,向社会应用推进,向现代治理转型,向国际领域拓展,大力推行和规范使用国家通用语言文字,科学保护各民族语言文字,加快语言文字法制化、规范化、标准化、信息化建设,提高国民语言能力,构建和谐健康的语言生活,为全面建成小康社会、建设与综合国力相适应的语言强国提供有力支撑。

(二)发展目标

到2020年,在全国范围内基本普及国家通用语言文字,全面提升语言文字信息化水平,全面提升语言文字事业服务国家需求的能力,实现国家语言能力与综合国力相适应。

——国家通用语言文字基本普及。全国范围内普通话基本普及,语言障碍基本消除;农村普通话水平显著提高,民族地区国家通用语言文字普及程度大幅度提高;国家通用语言文字教育体系更加完善,国民语言文字应用能力显著提升;社会用语用字更加规范。

——语言文字信息化水平大幅提升。语言文字信息化关键技术研发取得重要成果,基本适应国家和社会信息化发展需求;语言资源保护、开发和建设取得重要进展,濒危语言得到科学记录和保存;语言文字信息化平台和工作手段更加完备。

——语言文字服务能力显著增强。语言文字工作更加适应实施国家重大战略和维护国家安全的需求;各项语言文字服务不断满足社会和人民群众的语言交流和使用需求。

——语言文化广泛传播与繁荣发展。中华优秀语言文化得到传承弘扬和广泛传播;各民族语言文字科学保护进一步加强;海外华人的中华语言文化认同感明显增强,中文的海外学习使用范围明显扩大、国际影响力显著提高;语言文字交流合作进一步拓展深化。

——语言文字工作治理体系更加完善。语言文字法律法规体系更加完善;信息化条件下的语言文字规范标准体系基本建立;国家通用语言文字培训测评体系进一步完善;语言文字工作体制机制更加健全;社会语言生活和谐健康发展。

三、主要任务

(一)普及国家通用语言文字

1. 大力提升农村地区普通话水平。将提升农村地区普通话水平贯穿全面建成小康社会决胜阶段的全过程。结合新型城镇化建设、社会主义新农村建设和农村文化公共服务体系建设,适应促进农村青壮年劳动力就业和科技应用的需求,创新开展农村普通话宣传推广工作,大力提升青壮年劳动力普通话水平,使其具备普通话沟通交流能力。

2. 加快民族地区国家通用语言文字普及。进一步强化国家通用语言文字在维护国家统一、促进民族团结和社会发展中的重要基础作用。结合国家实施的精准扶贫、精准脱贫方略,以提升教师、基层干部和青壮年农牧民语言文字应用能力为重点,加快提高民族地区国家通用语言文字普及率。加强国家通用语言文字教育教学,确保少数民族学生基本掌握和使用国家通用语言文字。

3. 强化学校语言文字教育。坚持把学校作为国家通用语言文字推行普及的主阵地和主渠道。将语言文字要求纳入学校、教师、学生管理和教育教学的各个环节,构建适合大中小学生身心发展和道德养成、符合社会主义核心价值观的语言文字教育课程和活动体系。加强语言文字示范校和书写特色校建设。注重幼儿园教育中阅读兴趣的培养,使孩子学会倾听并能用普通话进行基本交流。加强中小学普通话口语、规范汉字书写、阅读写作及语言文字规范标准等方面的教育教学,提高中小学生国家通用语言文字听说读写能力。推动中等职业学校和高等学校科学设置语言文字相关课程,以提高语文鉴赏能力、口语和书面表达能力为重点,全面提高学生语文素养和语言文字应用能力。强调教师表率作用,在教育教学过程中坚持使用普通话,正确使用规范汉字,努力提高传统文化素养和语言文字应用综合能力。

4. 加强语言文字规范化建设。完成城市语言文字规范化建设目标,促进已达标城市保持并不断提高语言文字规范化水平。全面开展区域语言文字规范化工作,省级语言文字工作部门根据实际制定区域语言文字规范化工作实施方案,积极试点,适时推开。开展县域语言文字应用监测。把语言文字规范化要求融入行业管理、城乡管理和精神文明创建活动,将城乡语言文字规范化情况纳入文明城市、文明乡镇创建内容。积极推动党政机关、新闻出版、广播影视和公共服务行业等重点领域语言文字规范化建设,充分发挥其示范作用,引领全社会推行普及和规范使用国家通用语言文字。

(二) 推进语言文字信息化建设

5. 推动语言文字信息化技术创新发展。发挥语言文字信息化技术在国家信息化建设中的基础支撑作用。支持推动自然语言处理、语音识别与合成、文字识别等智能化理论研究和技术研发。支持不同语种间的机器翻译研究以及国家通用语言文字智能辅助学习和评测的技术产品研发。推进互联网环境下的语言计算技术创新,在信息技术新一轮发展中掌握主动权。

6. 加强语言资源建设。树立语言资源是国家重要的文化资源、经济资源和战略资源的意识。加强语言资源建设的统筹协调,努力形成"有序开发、多元投入、社会共享"的语言资源建设与管理机制。大力推进语言资源保护、开发、利用,强化语言资源基础建设,有效整合、研发基础语言资源库。建设国家语言资源服务系统,促进语言资源的开放与共享。

7. 建设语言文字信息化平台。建设适应面广、影响力大、权威性强的全球中文学习网络平台。推进语言文字政务信息化,进一步加强语言文字门户网站、微博、微信及手机客户端建设,构建层次分明、结构科学、功能完备的语言文字宣传教育、益民服务网络。

(三)提高国家语言文字服务能力

8. 提高保障国家战略和安全的语言文字服务能力。加强语言与国家安全,语言认同与国家认同、中华民族认同、中华文化认同研究,为保障国家统一、民族团结和社会稳定提供政策支持和专业服务。增强国家战略意识,围绕区域发展总体战略、"互联网+"行动计划、脱贫攻坚工程等国家发展战略对语言文字的需求,加强语言规划、语言文字信息技术、跨境语言等研究,提升语言文字服务能力。分区域、行业、领域和人群开展语言国情调查。推动语言文字使用状况列入国家人口普查和其他相关调查统计工作。

9. 创新语言文字服务方式。面向社会开展全方位的语言文字政策法规、规范标准、基础知识和社会应用等咨询服务。研究制定多语种外语规划。创新语言文字服务和语言人才培养机制,推动高等学校完善外语语种结构,培养和储备关键语种复合型外语人才。建立应急和特定领域专业语言人才的招募储备机制,为大型国际活动和灾害救援等提供语言服务,提升语言应急和援助服务能力。支持开展面向特定行业人群的语言文字服务。支持高校、科研机构和社会团体以多种方式为社会提供语言文字服务。增强语言经济意识,启动语言产业调查,大力支持语言产业发展,推动生成新的经济增长点。

10. 服务特殊人群语言文字需求。把手语盲文规范化作为国家语言文字工作的重要内容。实施《国家手语和盲文规范化行动计划(2015—2020年)》,加快研制国家通用手语和通用盲文系列规范标准,规范和推广国家通用手语、通用盲文。研制国家通用手语和通用盲文水平等级标准和测试大纲,逐步开展国家通用手语和国家通用盲文等级测试。加快推进手语盲文信息化建设,组织研发国家通用手语、国家通用盲文信息技术产品。培育和发展手语、盲文社会服务机构。加快手语和盲文学科建设和人才培养。加强各类语言障碍研究和语言康复治疗技术开发利用。继续推进并完善视障、听障人员普通话水平培训测试。

(四)弘扬传播中华优秀语言文化

11. 推进中华优秀语言文化传承发展。树立和增强高度的文化自觉和文化自信,充分发挥语言文字在传承和弘扬中华优秀传统文化、革命文化和社会主义先进文化中的重要作用。强化学校语言文化传承功能,推进各级各类学校开展中华经典诵写讲行动,加强中小学古典诗文教育教学。推动中华经典诵读、书写、讲解等文化实践活动入社区、下基层、进部队。支持开展对吟诵的研究、抢救保护和传承工作。开展当代语言文化研究,促进语言文化健康发展。完善国民语言教育大纲,推动开展国民语言教育。

12. 科学保护各民族语言文字。各民族语言文字是中华语言文化的重要组成部分。重点加强对少数民族语言文字的科学保护,进一步发挥其在传承中华优秀传统文化中的独特作用。加快制定传统通用少数民族语言文字基础规范标准,推进术语规范化,做好少数民族语言文字规范化、标准化、信息化工作。开展少数民族濒危语言抢救保护工作。

13. 深化内地和港澳、大陆和台湾地区语言文化交流合作。加大支持和服务港澳同胞学习使用国家通用语言文字力度,加强港澳青少年国家认同与语言文化认同教育。充分利用两岸语言文字交流合作协调机制,推动两岸语言文字学术交流和语言文化交流。继续编写和推广应用两岸中华语文工具书、科技名词工具书,进一步完善两岸中华语文知识库网站建设,继续推动汉字简繁文本转换技术等的合作研究与开发。创新拓展与港澳台青少年的语言文化交流活动。

14. 加强语言文化国际交流与传播。积极配合中国特色大国外交战略的实施,适应"一带一路"建设、中外人文交流机制等需求,加强与重点国家的语言文化交流与合作,开辟多层次语言文化交流渠道。推动中华优秀语言文化走向世界,打造交流品牌,做好中华思想文化术语传播工作。继续建设好孔子学院和孔子课堂,帮助海外中文学校加快发展,充分发挥其桥梁纽带作用。拓展中文在国际组织和国际社会中的使用范围。

（五）完善语言文字工作治理体系

15. 加强语言文字法治建设。完善语言文字法律制度，研究修订《国家通用语言文字法》，研究制定《〈国家通用语言文字法〉实施办法》等配套规章，推动相关行业法律法规吸纳加强语言文字规范化的内容，完善地方语言文字法规规章。健全语言文字依法管理和执法监督协调机制，严格语言文字社会应用执法工作，加强综合执法，分批开展重点行业领域语言文字执法调研和执法检查。

16. 完善语言文字规范标准。建设信息化条件下的语言文字规范标准体系，处理好先期引导和事后规范的关系。强化语言文字规范标准统筹管理，健全规范标准框架和层级，加强规范标准研制部门之间的深度合作。完成第三次普通话审音工作，完善普通话语音规范。加强对《通用规范汉字表》《普通话异读词审音表》等规范标准的配套专项研究，制定基础教育用汉字相关字形标准、大字符集汉字相关属性规范标准。加强科技名词使用的标准化建设。制定海外中文教学标准。主导中国语言文字国际标准的制定。推进外语中文译写规范工作，制定公共服务领域外国语言文字译写规范标准。

17. 健全语言文字测评体系。修订完善普通话水平测试、汉字应用水平测试、汉语能力测试等各类测试大纲、标准及管理规章制度。加快推进普通话培训测试的信息化建设和资源建设，全面实现计算机辅助普通话水平测试。建立完善相关行业从业人员语言文字应用能力标准，推动开展相关行业从业人员语言文字应用能力培训测试。继续推动开展汉字应用水平测试、汉语能力测试工作。

18. 强化重点领域语言文字监督检查。建设新闻出版、广播影视、新媒体、公共服务领域、公共场所语言文字使用情况监测体系以及社会语言生活引导和服务体系。加强对网络语言、新词新语、字母词、外语词等的监测研究和规范引导。强化对互联网语言文字使用的规范和管理。倡导文明用语用字，抵制低俗语言，推动社会语言文明建设。规范重点领域信息技术产品中的语言文字应用。

四、重点工程

（一）国家通用语言文字普及攻坚工程

与国家扶贫攻坚等工程相衔接，在农村和民族地区开展国家通用语言文字普及攻坚。

加大对少数民族学生学习国家通用语言文字的教学研究、课程开发、教材建设和出版支持力度。继续实施民族地区双语教师普通话提高培训计划。实施边远、民族地区干部和青壮年农牧民国家通用语言文字培训计划。推动各对口支援省市将国家通用语言文字培训项目纳入民族地区对口支援范围。

继续实施大中小学校长、教师国家通用语言文字培训计划。严格执行教师资格普通话等级达标规定。建设中小学语文课文示范诵读库。

大力开展农村青壮年国家通用语言文字应用能力培训。推动劳动力输出、输入地区开展进城务工人员普通话培训服务。

(二) 语言文字信息化关键技术研究与应用工程

协调和调动有关部门的积极性，通过示范、引领和扶持等方式，积极整合和发挥高校、科研院所和企业的力量投入语言文字信息技术的发展，推动社会多方力量充分利用信息技术新进展，开展语言文字信息化关键技术攻关。

推动开展多语种机器翻译关键技术攻关，充分利用大数据、云计算、人工智能、移动互联网等前沿信息技术，探索解决不同语种间自动翻译关键技术问题。

构建语言智能学习模型，开展语言理解、语言生成和语言评价等智能辅助语言学习系统和语音识别关键技术研究。

开展语言文字信息处理技术评测研究，对语言文字信息处理技术成果水平进行科学评价，服务语言文字信息化技术水平评测，满足国家安全、社会稳定对语言文字信息化技术的需求。

(三) "互联网+"语言文字服务工程

以大数据、云计算等技术手段推动语言学习、语言服务、语言管理。建成国家语言文字事业发展基础数据库群，为社会应用、政府决策和事业发展提供技术服务与数据支撑。

打造全球中文学习网络平台，建立政府引导、市场运营、互联共享、在线学习评价相融合的全球中文推广普及机制。

整合现有资源，建设涵盖语言文字规范标准、语文知识、外语中文译写规范等内容的基础数据库，向社会提供语言文字咨询服务。

构建国家语言文字决策支持统计服务系统，建设涵盖语言文字政策法规、区域和行业语言文字工作、社会使用状况、学校语言教育、语言文字学术研究和人力资源等内容的基础数据库。

（四）中华优秀语言文化传承与保护工程

探究汉语汉字源流，支持开展汉语语音、汉字、词汇、语法历史与现状研究。研究制定中华诗词新韵规范。继续建设中华经典诵写讲资源库。

依托传统媒体和新媒体，进一步整合现有原创语言文化类活动，提升质量，打造中国语言文化传播品牌。组织举办经典诵读、书写书法、诗文创作等社会广泛参与的宣传、展示和赛事活动。

实施中国语言资源保护工程，收集整理汉语方言、少数民族语言和民间口头文化的实态语料和网络语料，建设大规模、可持续开发的多媒体语言资源库，开发语言展示系统，编制和完善中国语言地图集、语言志等基础性系列成果。

推动筹建中国语言文字博物馆。

（五）语言文字筑桥工程

协同我国及"一带一路"沿线国家语言学研究力量，开展多语种语言人才培养储备状况调查及语言国情调查，建设适应国家对外开放重大战略需要的语言服务国家资源库。实施国家对外语言服务人才培养计划。

建立"语言通"服务网络平台，建立语言大数据增值服务机制，开发面向智能手机的"语言通"客户端，形成适应我国在对外经贸合作和人文交流中所需要的语言在线服务能力，为社会提供语言采集、在线翻译、知识专题和大数据增值服务。

继续建设好孔子学院和孔子课堂，探索创新教学方式方法。开展海外中文教师普通话培训，加大国家通用语言文字培训测试的海外推广力度。

五、保障措施

（一）加强组织领导

在各级党委、政府的统一领导下，加强各级语委对语言文字事业的统筹管理，完善"政府主导、语委统筹、部门支持、社会参与"的管理体制。要将语言文字工作纳入政府议事日程和政府绩效管理目标,建立由分管领导任主任的语言文字工作委员会,切实加强对语言文字工作的领导和支持。各级语言文字工作部门要强化机构建设,切实履行统筹协调职能,主动作为,提高工作服务水平,充分发挥语委成员单位作用,争取各方面支持。各语委成员单位要有领导分管、有人员专管语言文字工作。

各级各类学校要有机构和人员负责语言文字工作。

(二)创新工作机制

完善多部门协同的联席会议制度,推动各相关部门围绕自身发展创造性开展语言文字工作。完善咨询委员会制度,充分发挥专家作用。建立健全标准化工作长效机制,充分发挥语言文字标准化机构的作用。进一步调动地方和基层工作积极性,依法开展语言文字工作督导评估,加强地方政府语言文字工作履职督查,建立问责机制,形成长效机制。

创新社会参与机制,加强政策引导,吸引和扶持语言文字及相关领域学术团体、社会组织以及志愿者等各方面力量,在咨政建言、宣传教育、学术研究、交流合作、培训服务、检测评价等方面发挥积极作用。委托社会机构对语言文字法律法规、方针政策、规范标准等的贯彻实施情况进行评估,加强社会监督。

建立与企业的良性互动机制,引导企业在语言文字科技创新、成果转化中发挥主导作用。

(三)推进队伍建设

加强语言文字工作队伍建设。建立完善语言文字工作管理干部、学校语委主任、普通话水平测试员、相关行业主管部门语言文字工作专兼职管理人员上岗培训和定期轮训制度,提高相关人员的语言文字法治思维水平、依法行政能力和业务素质。加强语言文字培训基地建设,充分发挥其在人才培养、智力支持、活动支撑、合作交流等方面的作用。表彰奖励语言文字先进集体和个人。

加强语言文字专家队伍建设。加大对高校、研究机构语言学学科带头人和领军人物的培养和扶持力度,重视中青年学者的培训研修、交流合作,形成较为稳定的人才培养机制,充实国家语委科研工作专家库。推进"语言文字国际高端专家来华交流项目"的实施,推动"走出去"计划,遴选优秀学者出国研修。吸引相关技术人才投入语言文字信息技术研发,大力推动跨学科、复合型技术研发人

才培养和队伍建设。重点加强语言文字公共政策研究、决策咨询和规范标准制订等方面的专家队伍建设。

（四）加强宣传教育

创新宣传手段和方式，继续开展全国推广普通话宣传周活动。将语言文字法律法规纳入法治宣传教育内容。面向机关、学校、新闻出版、广播影视、新媒体、公共服务行业以及相关社会组织、城乡社区，开展语言文字法律法规、方针政策、规范标准和基础知识普及性宣传。及时对语言文字社会热点问题进行引导，增强国民的国家通用语言文字意识，营造规范使用语言文字的社会环境。

（五）强化科研支撑

加强统筹规划，支持有关高校、科研院所和相关企事业单位，围绕国家战略和发展需求，语言生活重点、热点和难点问题，兼顾基础研究和应用研究，开展战略性、前瞻性和对策性研究，支持跨学科和协同创新研究。支持语言学科建设，提升学科地位和学术影响力。加大对科研项目的支持力度，做好成果的开发使用，提升科研项目的影响力。进一步完善国家语委科研工作体系，创新资助方式，探索设立后期资助项目、出版资助项目。落实《国家语言文字智库建设规划》，打造若干定位明晰、特色鲜明、机制健全、效能优良的语言文字智库。

（六）保障经费投入

建立健全语言文字事业经费投入机制，逐步加大对语言文字事业发展的经费投入力度，对民族地区和农村、边远、贫困地区推行普及国家通用语言文字给予经费倾斜。鼓励地区间建立对口支援和合作关系。各对口支援省市要将面向各类人群的国家通用语言文字培训项目作为援助内容，加强培训力度。支持多渠道筹措语言文字事业发展资金，鼓励企业、团体、个人捐赠。建立语言文字事业捐赠资金的监督管理制度。

本规划由各级政府及其语言文字工作部门牵头、语委成员单位和有关业务主管部门协同实施。各地要把实施《语言文字规划纲要》和本规划作为重要工作内容，各行业主管部门和各级语言文字工作部门要落实责任分工，制订实施方案，确定重点任务时间表、路线图，共同推进落实。国家语委将开展规划实施中期评估，跟踪监测并向社会公布各部门和各地实施规划情况，使其主动接受社会监督。

附 录

2016年国家语言文字工作大事记

规划与部署

◎ 8月23日,《国家语言文字事业"十三五"发展规划》(以下简称《规划》)由教育部、国家语委正式发布实施。《规划》全面深入贯彻五大发展理念,注重问题导向,针对语言文字事业发展的新形势、新问题,明确了未来五年的指导思想、发展目标,提出了五项主要任务和重点工程,进一步突出了重点,补齐了事业发展短板。

◎ 大力开展《规划》宣传贯彻工作。在《光明日报》《中国教育报》及教育部官方网站主页设置专栏宣传《规划》;组织相关委员单位、地方教育厅领导和专家撰写解读文章;召开新闻发布会,邀请相关部门负责人和专家学者解读《规划》;赴河北、江苏、广东等地宣讲《规划》。

◎ 9月5日,国家语委发布《国家语委"十三五"科研规划》。提出"到2020年,基本建成较为完善的语言文字科研体系,推出一批标志性成果,打造若干新型智库,培养一批高端人才,全面提升国家语委科研的学术和社会影响力,全面发挥科学研究对国家语言文字事业改革和发展的支撑作用"的发展目标,明确了六大重点研究方向。

◎ 9月12日,纪念《国家通用语言文字法》实施15周年暨国务院发布《关于推广普通话的指示》60周年座谈会在人民大会堂召开。中共中央政治局委员、国务院副总理刘延东,全国人大副委员长王晨出席座谈会并讲话,全国政协副主席罗富和出席座谈会。教育部、人力资源与社会保障部、文化部、国家新闻出版广电总局、中央军委政治部、江苏省、甘肃省等相关部门负责同志在会上做了交流发言。会议总结了普通话推广60年来,尤其是《国家通用语言文字法》实施15年来语言文字事业的辉煌成就,重点部署落实《国家语言文字事业"十三五"发展规划》和今后一段时期语言文字工作的重要任务。

◎ 9月13日,2016年全国语言文字工作会议在京召开。教育部副部长、国家语委主任杜占元出席会议并讲话。会议总结了"十二五"期间的工作,分析了

"十三五"时期语言文字工作面临的新形势、新要求,同时要求语言文字战线要继续深入学习贯彻习近平总书记系列重要讲话精神,学习贯彻刘延东副总理在纪念《国家通用语言文字法》实施15周年暨国务院发布《关于推广普通话的指示》60周年座谈会上的讲话精神,要以全面深化改革为动力,以实施《规划》为重点,大力推行和规范使用国家通用语言文字,科学保护各民族语言文字,加快语言文字法制化、规范化、标准化、信息化建设。

◎ 12月5日,国家语委全体委员会议在教育部召开。教育部副部长、国家语委主任杜占元出席会议并讲话。杜占元充分肯定了2015年以来语言文字工作在各委员单位的大力支持配合下取得的新进展,分析了"十三五"时期语言文字工作面临的新形势,介绍了《规划》的具体内容,提出了近期语言文字工作的主要任务,并就做好重点工作提出了具体要求。会议讨论通过了《〈国家语言文字事业"十三五"发展规划〉分工方案》,并于12月23日以教育部、国家语委名义印发。

普及与规范

◎ 启动实施国家通用语言文字普及攻坚工程。开展少数民族双语教师、农村教师、云南直过民族地区教师、中青年农牧民等普通话培训,举办语言文字管理干部能力提升和中小学骨干校长、幼儿园骨干园长语言文字能力提升等系列培训班,累计培训6,370人。

◎ 9月8日—14日,组织举办第19届全国推广普通话推普周活动。在广西桂林恭城瑶族自治县、青海省海东市举办第19届全国推广普通话推普周开幕式和闭幕式活动,并组织推普周领导小组成员单位赴有关重点城市和重点行业进行巡视。

◎ 进一步强化学校语言文字工作。研制《关于进一步加强学校语言文字工作的意见》及指导标准,并多次征集意见、修改调整,完成《意见》和附件指导标准的制定工作。继续推进语言文字规范化示范校创建活动。

◎ 大力推进城市语言文字规范化工作,推动各地实施对二类、三类城市语言文字工作评估,并向县以下区域延伸。

◎ 正式启动语言文字工作督导评估。10月底至11月初,在甘肃酒泉、河北邯郸开展督导评估试点,总结经验,全面推开。联合国家教育督导委员会办公室举办两期全国语言文字督查工作培训班,共培训 200 人。

◎ 构建并完善语言文字测试评价体系。修订完善《普通话水平测试规程》等标准规范。发布修订后的《汉字应用水平等级及测试大纲》,指导上海市和湖南省开展实测。继续研制《国民语言教育大纲》,开展中小学生普通话口语能力评价标准及测试体系研究工作。

◎ 加强国家语委语言文字应用培训基地建设,支持设立"一带一路"汉语普通话推广培训基地(西北中心)并纳入基地管理。

◎ 国际标准《信息与文献——中文罗马字母拼写法》(修订版)由国际标准化组织正式出版。

◎ 第三次普通话审音工作取得新成果,《普通话异读词审音表》(修订稿)经广泛征求意见,顺利通过国家语委普通话审音委员会鉴定,提交国家语委语言文字规范(标准)审定委员会审定并原则通过。

◎ 字体字形规范标准研制取得进展。"《通用规范汉字表》楷体字字形标准""中国教科书专用字体研究与设计"完成研制,为楷体字字形规范提出了科学准则、对基础教育教科书所用字体进行了积极探索。根据社会需要立项研制通用规范汉字语音规范、汉字部首规范。

◎ 公共服务领域外文译写标准研制取得进展。英文译写标准 9 个分则报批国家标准即将发布;俄、日、朝/韩文译写标准通过专家鉴定,并原则通过国家语委审委会审定。

◎ 加强网络、报刊、广播电视等语言文字使用情况监测。发布第四批外语词中文译名。

◎ 语言文字规范标准的宣传贯彻得到加强。2016 年举办 2 期"国培计划"语言文字规范标准培训班,推动将语言文字规范标准实施情况纳入地方语言文字工作督导评估,开展新闻出版等重点领域语言文字规范标准贯彻落实情况调研,编辑出版《常用语言文字规范手册》。

保护与传承

◎ 加强少数民族语言文字信息化建设。立项开展藏汉神经机器翻译模型及系统实现、多知识库融合的维吾尔语语义资源库构建研究、少数民族语句法树库建设等少数民族语言文字信息技术研发和基础资源库建设。

◎ 2016年中国语言资源保护工程建设在全国范围内全面展开。至2016年年底,正在建设中的89个少数民族语言调查点、349个汉语方言调查点和27个语言文化调查点已按要求完成预验收,正在开展验收工作。调查点涵盖包括港澳台地区在内的全国所有省份。印发了《教育部办公厅关于推进中国语言资源保护工程建设的通知》《中国语言资源保护工程专项资金管理办法(试行)》,与国家民委共同印发《关于推进中国语言资源保护工程少数民族语言调查的通知》,成立"中国语言资源保护工程全国核心专家组"。召开"中国语言资源保护工程现场推进会",成果开发应用初见成效,其中《中国语言文化典藏》获新闻出版广电总局国家出版基金资助。作为汇聚工程调查成果的"中国语言资源采录展示平台"建设初步完成并正式启用。

◎ 建设中华思想文化术语网,开通微博、微信公众号。《中华思想文化术语》第三、四辑完成编辑出版。举办"2016中华思想文化术语大赛",面向全国多个省市的中学生开展系列培训及赛事活动。举办"中华思想文化术语的现代释译与运用"学术研讨会。分别与马来西亚、西班牙、亚美尼亚签订版权输出合同,努力推进面向"一带一路"沿线国家的版权推荐和输出工作。与施普林格·自然集团签署"中华思想文化术语研究丛书"(英文版)合作协议。

◎ 开展甲骨文研究与应用工作。在多次论证基础上形成甲骨文研究与应用专项实施方案。筹备建立多部委协同机制,推动甲骨文申报《世界记忆名录》,筹办甲骨文国际论坛。

◎ 开展中华诗词新韵研究。作为国家语委科研规划重大课题立项,全面启动相关研究,并初步确定了《中华通韵》的编纂原则和编纂体例。

◎ 继续推进中华经典诵写讲行动。支持并指导各地开展"书法名家进校园"活动。联合中央电视台举办首届"中国诗词大会",共计约4.86亿观众观看节目,得到中央领导同志高度肯定和社会各界广泛关注。起草《教育部关于"中国诗词大会"等有关情况的报告》,中央领导同志在报告中做重要批示。指导举办"第十八届齐越艺术节暨全国大学生朗诵大会",吸引全国160余所高校参与活动。开展中华诗词新韵研究制定工作。

◎ 加强中华经典资源库建设及成果宣传工作。完成资源库一期内容数字化处理,在"微言教育"微信公众号、教育部门户网、中国教育科研网等网站分批、分次上线播放,在中国教育电视台一套、四套陆续播出,并放入教育电视台空中课堂频道,中国教育在线好课网。完成二、三期资源库建设工作,遴选《诗经》《史记》等20部经、史、子、集中具有代表性的中华经典典籍为制作内容，共制作完成100集视频资源，并将于年底前正式向社会发布。

科研与服务

◎ 完成2016年度国家语委科研立项工作。以服务国家发展需求为根本，主要围绕语言生活中重大理论和现实问题，国家语委共设立科研项目100项，其中重大科研项目4项。研究方向涉及语言文字信息化和规范标准、"一带一路"语言战略、语言国际传播等。制定发布并实施《国家语委语言文字科研项目优秀成果后期资助计划》。

◎ 推动语言文字信息化关键技术研究。根据信息时代特点和需要，设立"智能语音及人工智能技术在语言学习中的应用研究""英汉机器翻译译文错误分析及面向篇章的机器翻译解决方案研究"等一系列语言文字信息化相关科研项目。强化语言资源建设，继续开展通用汉字全息数据库和公共服务领域外文译写规范数据库建设，完善国家语言资源动态流通语料库等重点资源库建设。整合完善现有语言资源，开展"国家语委语言资源服务平台"（一期）研制，服务社会。

◎ 进一步完善国家语委科研机构体系布局和人才培养，支持建设国家语委第三家科研基地"语言智能研究中心"。加强对科研机构制度化管理，印发《国家语委科研中心管理办法（试行）》。语言文字智库建设取得成效，出版《语言智库论丛》等成果。大力加强语言文字人才队伍建设，举办两期语言文字应用优秀中青年学者研修班，支持中青年学者协同创新联盟开展学术交流活动，完善国家语委科研工作专家库。在国家留学基金委设立语言文字中青年学者出国研修项目。

◎ 语言生活监测和研究持续深入。发布《中国语言生活状况报告（2016）》（绿皮书），出版《世界语言生活状况报告》（黄皮书），编制《中国语言文字政策研究发展报告》（蓝皮书），形成语言生活皮书系列。积极引导健康和谐的语言生活，举办"汉语盘点2016"等具有影响力的文化品牌活动，发布2016年国际国内热字、热词以及2016年度十大流行语、十大新词语、十大网络用语，提升全民文化自觉、推进社会文化发展。出版《中国语言生活状况报告》英文版第三卷，推动《报告》韩文版第二卷翻译和日文版的启动，引领中国语言学学术"走出去"。

◎ 推进盲文手语推广服务工作。积极配合残联制定发布实施《国家手语和盲文规范化行动计划(2015—2020年)》。推动通用手语、通用盲文标准研制,初步建成我国第一个手语词汇语料库。继续开展视障人员普通话水平培训测试工作,2016年,视障人员普通话水平测试机测版开始启用。

交流与合作

◎ 拓展深化两岸语言文化交流合作。联合台湾中华文化总会联合举办2015汉字文化创意大会作品展、2016两岸大学生汉字书法艺术交流夏令营等活动,出版、发布《两岸通用词典》、《两岸科技常用词典》、两岸《中华语文大词典》(试印本),落实第五届两岸经贸文化论坛共同建议。《汉字简繁文本智能转换系统》二期研发完成,项目获2016年"钱伟长中文信息处理科学技术奖"一等奖。深刻诠释两岸同文同语、休戚与共主题的两岸语言文化专题片《潮平两岸阔》在中央电视台、中国教育电视台播出后获得广泛好评,获"2016年度全国十大纪录片奖"。设立"海峡两岸语言文字规范标准对比研究"等项目,出版第一届"两岸语言文字调查研究与语文生活"研讨会论文集。

◎ 深化内地与港澳语言文化交流合作。服务港澳普通话测试工作,为港澳中小学及幼儿园120名教师举办普通话能力提升培训班,组织内地20余名大学生赴港澳开展优秀朗诵作品展演交流活动,反响良好。

◎ 积极配合中外人文交流机制,加强与重点国家的语言文化交流与合作。11月1日—2日,召开以"语言发展与文化多样性"为主题的第三届中法语言政策与规划国际研讨会,签署国家语委首个双边合作协议《国家语委与法国文化部关于语言政策交流合作协议》,推动中法双方语言政策交流合作机制化。首次将研讨会与展览相融合,在首都博物馆举办了为期一周的"中法语言文化交流与合作成果展"。

◎ 指导建设世界语言大会展示馆·语言文化研习体验馆,出版《世界语言大会文集》。12月21日,在荷兰格罗宁根孔子学院成立中国首个海外普通话培训测试中心。

图书在版编目(CIP)数据

中国语言文字事业发展报告.2017/国家语言文字工作委员会组编.—北京:商务印书馆,2017
ISBN 978-7-100-12864-3

Ⅰ.①中… Ⅱ.①国… Ⅲ.①语言调查—调查报告—中国—2017 Ⅳ.①H004.2

中国版本图书馆CIP数据核字(2017)第009241号

权利保留,侵权必究。

中国语言文字事业发展报告(2017)
国家语言文字工作委员会 组编

商 务 印 书 馆 出 版
(北京王府井大街36号 邮政编码100710)
商 务 印 书 馆 发 行
北京新华印刷有限公司印刷
ISBN 978 - 7 - 100 - 12864 - 3

2017年6月第1版 开本787×1092 1/16
2017年6月北京第1次印刷 印张12¼
定价:65.00元